Andreas Schlüter

YOUNG GUARDIANS

Eine explosive Entdeckung

Band 2

ANDREAS SCHLÜTER

YOUNG GUARDIANS

EINE EXPLOSIVE ENTDECKUNG

BAND 2

KARIBU

INHALT

WAS BISHER GESCHAH …

Der 12 Jahre alte Robin lebt seit neun Jahren in einem Kinderheim. Seine Eltern sind damals bei einem Autounfall ums Leben gekommen.

Im Kinderheim gibt es einen Fiesling namens Bernd Ross (»Ross wie Boss«), der die anderen Kinder tyrannisiert. Am meisten aber hat er es auf Robins besten Freund Jonas abgesehen. Robin tut, was er kann, um Jonas zu beschützen.

Als sich Robin mal wieder mit Bernd Ross prügeln muss, zerreißt die Halskette, an der er den Ehering seiner verstorbenen Mutter trägt. Jonas entdeckt darauf den Hochzeitstag von Robins Eltern und schlägt vor, an dem Tag das Grab zu besuchen.

Doch der Heimleiter will nicht verraten, wo sich das Grab befindet, an dem Robin noch nie gewesen ist.

Robin stiehlt seine Akte, sieht selbst nach und stellt überrascht fest: Sein Vater ist überhaupt nicht tot! Offenbar lebt er unerkannt unter Obdachlosen.

Daraufhin haut Robin aus dem Kinderheim ab und lebt eine kurze Zeit auf der Straße, um seinen Vater zu suchen. Dort freundet er sich mit einem sehr alten Obdachlosen an, der den Spitznamen »Bruder Tuck« trägt.

Robin selbst wird natürlich von der Polizei gesucht, weil er aus dem Heim abgehauen ist. Als Robin mal wieder vor der Polizei fliehen muss, trifft er zufällig auf die gleichaltrige Ronja. Ronja kommt aus gutem Hause und lebt allein mit ihrer Mutter im Villenviertel. Sie versteckt Robin in ihrem Gartenhaus und hilft ihm fortan bei der Suche nach seinem Vater.

Doch der wird nicht nur von Robin und Ronja gesucht, sondern auch von einem zwielichtigen Privatdetektiv.

Eines Tages kommen beide zu Ronja nach Hause, wo Ronja eine seltsame Entdeckung in ihrem Briefkasten macht:

Lieber Robin!
Such nicht weiter nach mir! Bitte!
Bring dich und deine Freundin nicht in Gefahr.
Ich melde mich und erkläre dir alles, sobald alles vorüber ist.
Solange hab bitte weiter Geduld.
Vertrau mir. Ich bin bei dir.
In Liebe
Dein Papa

EIN AUFREGENDES ABENDESSEN

Robin musste die Mitteilung, die er von seinem Vater erhalten hatte, erst einmal verdauen.

»Willst du allein sein?«, fragte Ronja mitfühlend.

Robin schüttelte den Kopf. Es tat gut, mit jemandem zu reden, wenn einem etwas auf der Seele lag. Das hatte er schon immer so empfunden. Im Kinderheim war es stets sein bester Freund Jonas gewesen, der ihm geduldig zugehört hatte und dem es auch meistens gelungen war, Trost zu spenden oder manches Mal sogar eine Lösung vorzuschlagen. Jonas war für Robin derzeit nicht erreichbar. Aber Ronja hatte sich bisher als treue Freundin erwiesen. So war es ihm sehr recht, dass sie ihn nach hinten ins Gartenhaus ihrer Mutter begleitete, das er heimlich bewohnte. Ronja hatte sich das Gartenhaus schon als eigenes, gemütliches Häuschen komplett eingerichtet, lange bevor sie Robin kennengelernt hatte: mit einem kleinen Schlafsofa, Tisch, Stuhl und Musikanlage. Insofern bot es sich ideal als Unterschlupf für Robin an.

Ronjas Mutter wusste davon nichts und kam auch sowieso fast nie dorthin.

Robin setzte sich aufs Bett und starrte immer wieder auf den Zettel mit der Nachricht seines Vaters. Sein Hund Little John spürte, dass etwas sein neues Herrchen bedrückte. Er legte sich vors Bett und schmiegte sich anhänglich an Robins Bein. Ausnahmsweise wollte er Robin weder zum Spielen überreden, noch bettelte er um Fressen, als wollte auch er einfach nur trösten.

Ronja hatte sich im Schneidersitz auf den Boden gesetzt, betrachtete Robin nachdenklich und sagte schließlich: »Das Gute ist, dass der Typ, der dich verfolgt, offenbar nach wie vor nicht weiß, dass du hier wohnst. Wir sind also nicht bedroht, und du kannst fürs Erste hierbleiben.«

»Ja«, sagte Robin leise. »Das ist gut. Danke.«

Ronja legte eine kurze Pause ein, ehe sie nachlegte: »Und wir wissen nun definitiv, dass dein Vater lebt, dass er dich liebt, dass er in der Nähe ist und ein Auge auf dich hat.«

»Ja«, sagte Robin nur wieder. Dieses Mal hob er leicht den Kopf, um Ronja anzusehen.

Sie erkannte, dass ihm Tränen in den Augen standen.

»Was kann so gefährlich sein, dass er mich neun Jahre lang hat glauben lassen, er wäre tot?«, fragte Robin traurig. »Dass er sich neun Jahre nicht bei mir gemeldet hat? Ich musste neun Jahre im Kinderheim wohnen. Allein! Weiß er nicht, wie sehr ich ihn vermisst habe?«

Nun hatte auch Ronja einen Kloß im Hals. Sie musste sich erst räuspern, bevor sie etwas sagen konnte. »Wir wissen es nicht, Robin. Noch nicht.«

Robin stutzte.

»Du willst weiter nach ihm suchen?«, fragte er erstaunt.

»Natürlich!«, antwortete Ronja. Das war für sie gar keine Frage! »Du etwa nicht?«

Robin hielt ihr die Nachricht entgegen. »Aber er will es nicht. Zu gefährlich, sagt er. Wenn es so gefährlich ist, dass er sich nicht einmal jetzt blicken lässt, um mit mir zu reden oder mich wenigstens mal in den Arm zu nehmen ... Und du hast es ja miterlebt. Der Einbrecher, der mich verfolgt, hat mit einer Waffe auf mich gezielt! Einer echten Waffe! Wenn Little John und du mich nicht gerettet hättet ... nicht auszudenken!«

Ronja nickte.

»Ich weiß. Aber ...«, begann sie zögerlich. Dann brach sie ab.

»Aber was?«, hakte Robin nach.

Ronja überlegte, wie sie es ausdrücken sollte. Dann versuchte sie es noch mal. »Aber es ist auch für deinen Vater gefährlich. Sonst wäre er nicht jahrelang untergetaucht.«

Robin nickte. »Ja. Und?«

»Denk an den Autounfall«, erinnerte Ronja ihn. »Ich glaube immer weniger, dass das ein Unfall war, sondern eher ein Anschlag auf euch, die ganze Familie. Selbst du, als unschuldiges, drei Jahre altes Kind, wärst dabei beinahe ums Leben gekommen.«

Wieder nickte Robin. »Ich weiß. Das glaube ich auch. Aber was willst du damit sagen?«

»Es ...« Erneut zögerte Ronja. »Dein Vater hat den Unfall überlebt. Er ist neun Jahre lang erfolgreich untergetaucht. Aber sie sind immer noch hinter ihm her. Und es könnte ihn auch heute noch jederzeit erwischen und ...«

»Du meinst, er könnte umgebracht werden?«, unterbrach Robin sie entsetzt.

Ronja nickte zaghaft. »Und dann ...«

»Was: Und dann?« Robin hielt es kaum noch aus auf seinem Bett. Er wollte sich das einfach nicht vorstellen. Aber er wusste, dass Ronja recht hatte.

»Und dann ...«, wiederholte Ronja, »...hättest du ihn vor seinem Tod nicht mehr gesprochen. Deshalb will ich ihn weitersuchen.«

Robin saß mit offenem Mund da. Verdammt, daran hatte er gar nicht gedacht. Ronja hatte recht. Und wie! Nun war es auch für ihn keine Frage mehr. Trotz der ausdrücklichen Warnung seines Vaters war er jetzt entschlossen, gemeinsam mit Ronja die Suche fortzusetzen.

»Wir suchen weiter!«, stellte er noch mal klar.

Ronja nickte. Ihr Blick blieb ernst.

»Gut!«, sagte sie. »Aber in Zukunft müssen wir doppelt vorsichtig sein: Der Einbrecher verfolgt dich, und dein Vater hat dich im Auge. Beide dürfen nicht merken, dass wir weitersuchen.«

»Vollkommen klar«, stimmte Robin sofort zu. Dann

stutzte er, überlegte und setzte fort: »Und … äh … *wie* suchen wir weiter? Hast du etwa einen Plan?«

»Allerdings«, bestätigte Ronja.

Doch konnte sie nicht weiter ausführen, was sie sich überlegt hatte, denn in diesem Augenblick wurde sie von ihrer Mutter gerufen.

»Oh, verflixt. Meine Ma ist da!« Ronja sprang auf und sah aus dem kleinen Fenster in der Gartenhaustür. »Sie steht auf der Terrasse!«

»RONJA?«, rief ihre Mutter erneut. »Bist du im Garten?«

Ronja fluchte noch einmal leise vor sich hin, drehte sich kurz zu Robin um und bat ihn: »Verhalt dich mucksmäuschenstill.«

»Geht klar«, antwortete Robin.

»Ich komme später zurück und bringe dir etwas zu essen«, versprach Ronja.

Dann öffnete sie die Tür und trat hinaus in den Garten.

»Ronja!«, rief ihre Mutter verwundert. »Was machst du denn im Gartenhaus? Dort warst du doch schon ewig nicht mehr!«

»Stimmt nicht!«, widersprach Ronja. Schnell ging sie auf ihre Mutter zu, bevor die auf die Idee kam, zum Gartenhaus zu kommen. »Du bist nur so oft weg. Ab und zu bin ich noch in dem Häuschen.«

»Warum das denn, Mäuschen?«, fragte ihre Mutter. »Wenn du doch das ganze Haus hier zur Verfügung hast.«

Ronja hasste es, so genannt zu werden. Da trug sie

schon den Namen einer Räubertochter, und dann nannte ihre Mutter sie Mäuschen! Aber es war eine gute Gelegenheit, der Frage auszuweichen, weshalb sie im Gartenhäuschen gewesen war.

»Nenn mich nicht Mäuschen«, raunte sie ihre Mutter an. »Ich hasse das.«

»Ja, entschuldige. Ich weiß, Mäus... äh, Ronja«, sagte ihre Mutter. »Hast du schon etwas gegessen?«

Ronja schüttelte den Kopf.

»Ich auch nicht«, sagte ihre Mutter. »Es ist schon recht spät, und ich komme erst morgen zum Einkaufen. Ich bestelle uns schnell etwas, okay? Pizza?«

»Pizza ist gut«, antwortete Ronja hastig. Denn sie wusste, auch Robin hatte noch nichts Richtiges gegessen. »Eine große. Mit Salami!«

Ihre Mutter hob erstaunt die Augenbrauen. »Mit Salami? Seit wann das denn?«

Ronja zog unschuldig die Schultern hoch. »Nur so. Hab ich mal Lust drauf.«

Robin würde sich sicher über Salami freuen, dachte sie.

Ihre Mutter hakte noch mal nach: »Und eine Große? Schaffst du die?«

»Auf einmal nicht. Aber ich hole mir dann vielleicht später am Abend noch mal was«, antwortete Ronja und hatte damit gleich auch eine Lösung für das Problem gefunden, wie sie Robin zu einem geeigneten Zeitpunkt heimlich die Hälfte ihrer großen Pizza zukommen lassen sollte.

Ihr Plan ging auf. Eine halbe Stunde später aß sie mit

ihrer Mutter gemeinsam zu Abend und stellte die übrig gebliebene halbe Pizza auf einem Teller neben dem Herd in der Küche ab.

Ihre Mutter tat das, was sie immer nach dem Abendessen tat. Sie verzog sich ins Wohnzimmer in ihren Lesesessel und las in einem dicken Roman oder in Fachzeitschriften über die wirtschaftliche Lage des Landes.

Das kam Ronja gerade recht. Kaum, dass ihre Mutter sich ihren Roman geschnappt und sich dazu ein Glas Rotwein eingeschenkt hatte, rief Ronja ihr aus der Küche zu: »Ach, mein Buch liegt noch drüben im Gartenhaus. Ich hole es eben.«

Auch die Antwort kam wie erwartet: »Tu das. Aber dann Zähneputzen und ins Bett. Dort kannst du dann noch lesen. Du hast morgen Schule.«

»Wenn du das nicht erwähnt hättest, hätte ich es bestimmt glatt vergessen«, rief Ronja ihrer Mutter ironisch zu. Sie lugte noch einmal um die Ecke, ob ihre Mutter wirklich im Wohnzimmer im Lesesessel saß. Dann huschte sie in die Küche zurück, schnappte sich den Teller mit der halben Pizza und lief rüber zu Robin ins Gartenhaus.

Robin war überglücklich. Denn sein Magen knurrte mächtig vor Hunger.

»Salami! Super!«, bedankte er sich bei Ronja.

Ronja hatte ihm außerdem eine Flasche Sprudel mitgebracht, die sie ihm vors Bett stellte. »Ich muss wieder rüber. Ins Bett.«

Robin staunte. »Jetzt schon?«

Ronja erklärte ihm, dass sie noch ein ganzes Weilchen im Bett lesen würde, aber nicht bei ihm bleiben konnte. Zu riskant, dass ihre Mutter dann nach ihr sehen würde.

Robin verstand.

Ronja verabschiedete sich und wollte gerade gehen.

Doch Robin rief sie zurück und zeigte auf Little John, der schwanzwedelnd vor ihm hockte und um ein Stück Pizza bettelte.

»Er hat auch Hunger«, erläuterte Robin. »Aber von der Pizza darf er nichts. Zu stark gewürzt. Das bekommt Hunden nicht.«

Ronja verzog das Gesicht und verfluchte sich innerlich. An den Hund hatte sie nicht gedacht. Jetzt musste sie gleich noch mal vom Haus ins Gartenhäuschen zurückkommen, ohne dass ihre Mutter Verdacht schöpfte. Sie war zwar zuversichtlich, dass sie das irgendwie schaffen würde, aber was sollte sie dem Hund mitbringen? Hundefutter hatten sie nicht im Haus. Ihre Mutter war eine strikte Gegnerin von Haustieren. Ronja durfte weder die Katzen aus der Nachbarschaft füttern, wenn die mal durch ihren Garten streunten, noch die Eichhörnchen, die hin und wieder neugierig vorbeischauten.

»Die Katzen werden zu Hause versorgt. Die Wildtiere finden genug draußen«, behauptete ihre Mutter immer.

Ronja fütterte trotzdem jedes Tier, das vorbeikam – wenn ihre Mutter nicht daheim war. Dazu hatte sie einen kleinen heimlichen Vorrat angelegt, der sich sogar in dem Gartenhäuschen befand.

Ronja griff unter den Schreibtisch und zog eine kleine Kiste hervor. Darin lagen eine Tüte Igelfutter, eine Tüte Nüsse für Eichhörnchen, zwei Dosen Katzenfutter und …

»Mist«, fluchte Ronja. »Ich habe kein Hundefutter mehr.«

Was sollte sie jetzt für Little John holen?

»Habt ihr keine Würstchen im Haus?«, fragte Robin.

Ronja sah ihn so verwundert an, als hätte sie bis eben noch nie davon gehört, dass es Menschen gab, die ein paar Lebensmittel im Kühlschrank liegen hatten.

»Würstchen?«, wiederholte sie. »Meine Mutter? Wir haben bestimmt Äpfel und etwas Gemüse, aber Würstchen sicher nicht. Außerdem wären die für Hunde zu salzig. Katzenfutter dürfen Hunde auch nicht.«

Robin stöhnte auf. »Ehrlich gesagt habe ich bisher gar nicht so sehr darauf geachtet. Little John frisst eigentlich alles. Der hat wohl einen guten Magen. Vielleicht habt ihr etwas aus der Dose?«

»Du weißt doch, dass wir immer nur frisch kochen«, erinnerte Ronja ihn. »Gemüse hätten wir.«

Robin schüttelte den Kopf. »Ich glaube, das mag er nicht. Da ist er genau wie ich.«

Er sah mitleidig auf Little John, der erste Anstalten machte, ihm auf den Schoß zu springen, um sich etwas von der Pizza zu schnappen.

»Halt ihn davon fern!«, warnte Ronja. »Weder Teig noch Salami sind gut für Hunde.«

»Ich weiß ja«, sagte Robin. »Morgen müssen wir aber

etwas für Little John besorgen. Für heute wird's noch gehen.«

Ronja schüttelte den Kopf. »Warte. Ich glaube, wir haben noch ein paar Spaghetti-Reste im Kühlschrank. Ist zwar auch Teig, aber Nudeln schaden Hunden nicht. Ich stelle sie dir in einer Schüssel vor die Tür.«

»Super!«, antwortete Robin. »Und frisches Wasser brauche ich noch. Ohne Kohlensäure.«

Ronja zeigte zum Außenwasserhahn, neben dem der Gartenschlauch hing. »Dort kann meine Mutter dich nicht sehen.«

»Okay, danke. Wann sehen wir uns morgen?«, fragte er noch.

»Nach der Schule«, antwortete Ronja. »So gegen drei. Meine Mutter ist morgen im Büro. Nach Geschäftsreisen bleibt sie immer länger. Vor zwanzig Uhr wird sie nicht zurück sein.«

»Okay«, wiederholte Robin. »Gute Nacht!«

»Gute Nacht!«, sagte Ronja und lief zurück ins große Haus. Dort löschte sie das Licht in der Küche, damit der Lichtschein nicht weiter einen Teil des Gartens beleuchtete. Ihre Mutter durfte Robin auf keinen Fall entdecken.

Robin wartete ab, bis Ronja die Terrassentür geschlossen hatte und das Licht in der Küche ausging. Dann wandte er sich an Little John. »Wir holen dir erst mal etwas zu trinken und dann leckere Spaghetti!«

Er ging zum Außenwasserhahn, doch leider vergaß er,

die Tür des Gartenhäuschens hinter sich richtig zu schließen, sondern lehnte sie nur leicht an.

Little John war zu schlau, als dass das für ihn ein Hindernis darstellte. Als Robin schon vor dem Wasserhahn hockte, stieß Little John mit seiner Schnauze die Tür auf und rannte seinem Herrchen hinterher.

Robin war entsetzt, als der Hund bei ihm ankam.

»Was machst du denn hier?«, zischte er Little John zu. »Marsch zurück ins Häuschen!«

Doch sosehr der treue Hund sein Herrchen sonst auch verstand und auf es hörte, das war in diesem Moment zu viel verlangt.

Der ganze Garten roch frisch und saftig an diesem klaren Abend, und Little John fand wohl, er hätte an diesem Tag viel zu wenig Bewegung gehabt. Außerdem musste er noch sein Abendgeschäft erledigen. Kurzum: Little John tat das, was er auch im Park immer machte. Er wieselte neugierig schnuppernd durch den Garten und begutachtete jeden Baum und jeden Strauch auf der Suche nach dem schönsten Plätzchen für sein Anliegen.

»Verdammt!«, fluchte Robin. »Komm zurück!«

Er konnte nur mit gedämpfter Stimme nach dem Hund rufen. Das aber genügte nicht.

Little John war verschwunden und nicht mehr zu sehen.

»Das darf nicht wahr sein!«, ärgerte sich Robin.

Er drehte den Wasserhahn ab und sprang auf, um nach Little John zu suchen. Geduckt lief er über den Rasen zu den Büschen, die den Garten zum Nachbarn abgrenzten.

Dadurch aktivierte er einen Bewegungsmelder, worauf ein greller Halogen-Strahler den Garten ausleuchtete.

Fluchend blieb Robin stehen und überlegte kurz, sich flach auf den Boden zu werfen. Doch das würde nichts nützen. Aus dem Fenster im Haus würde man ihn trotzdem sehen können. Schon sah er einen Schatten am oberen Fenster.

Panisch wollte er gerade zu den Büschen stürzen, um sich dort zu verstecken.

Zu spät. Das Fenster im ersten Stock wurde bereits geöffnet.

Der Schatten entpuppte sich als Ronja im Schlafanzug.

»Was machst du denn da?«, zischte sie hinunter. »Spinnst du?«

Für lange Erklärungen war jetzt keine Zeit.

»Little John!«, antwortete Robin nur und zeigte zu den Büschen.

Ronja rollte mit den Augen.

»Hol ihn zurück. Sofort!«, befahl sie so leise wie irgend möglich. »Wenn meine Mutter ihn sieht ...!«

»Das will ich ja!«, verteidigte sich Robin. Dann zeigte er zum Strahler. »Dieser Scheiß-Bewegungsmelder!«

Im nächsten Moment stürzte Little John laut bellend aus einem der Büsche heraus.

»Little John!«, rief Robin ihm hinterher.

Doch Little John hörte nicht. Er raste an Robin vorbei Richtung Wasserhahn.

Robin schaute ihm hinterher und sah, dass eine Maus

gerade versuchte, sich über die stehen gelassenen Spaghetti herzumachen.

»Little John!«, rief Robin noch einmal mit gedämpfter Stimme.

Vergeblich.

Und zu spät.

Schon öffnete sich unten die Terrassentür, und die Stimme von Ronjas Mutter ertönte: »Hallo?«

Robin sprang aufs Haus zu und presste sich rücklings unter dem Erdgeschoss-Fenster an die Hauswand. Aus dem oberen Fenster im ersten Stock hörte er zuerst Ronja fluchen, dann das Fenster zuknallen.

»Das darf ja wohl nicht wahr sein!«, war wieder die Mutter zu hören. Offenbar war sie von der Terrasse heruntergestiegen und hatte jetzt Little John entdeckt.

Robin hatte noch gesehen, wie die Maus davonsprang. Aber die Spaghetti lagen noch da. Wenn die Mutter die jetzt auch noch sah …

Doch da nahte schon Ronja als letzte Rettung.

»Mama? Was ist los?«, fragte sie unschuldig.

»Ein Hund in unserem Garten!«, antwortete ihre Mutter entsetzt. Gefolgt von einem »Ksch! Ksch!« und Händeklatschen, um Little John zu vertreiben, bevor sie sich wieder an ihre Tochter wandte. »Woher kommt der? Kennst du den?«

Little John hatte wohl früher keine guten Erfahrungen mit Hausbesitzern gemacht. Jedenfalls verschwand er sofort Richtung Gartenhaus.

»Ich glaube, die Familie am Ende der Straße hat einen neuen Hund«, schwindelte Ronja.

Ihre Antwort genügte, dass ihre Mutter sich zu ihr umdrehte und somit nicht mitbekam, wie Little John ins offene Gartenhäuschen hineinlief.

Die Mutter ging zurück zur Terrasse, auf der Ronja stand, sodass sie auch Robin nicht sah, der sich um die Ecke herum noch immer an die Hauswand presste.

»Ich werde mal mit denen sprechen. Die müssen besser auf ihren Hund aufpassen«, kündigte Ronjas Mutter an und ging mit Ronja zusammen wieder ins Haus hinein.

Robin atmete tief durch. Das war gerade noch mal gut gegangen.

Er wartete noch ein wenig, bis das Licht unten in der Küche erlosch und Ronja oben wieder am Fenster erschien.

»Die Luft ist rein«, flüsterte sie hinunter. »Pass besser auf Little John auf!«

»Worauf du dich verlassen kannst«, versprach Robin.

Er huschte um die Ecke, schnappte sich die Schüssel mit den kalten Spaghetti, lief zurück ins Gartenhaus und hatte endlich Zeit für seine Pizza.

Little John war ängstlich unters Bett gekrochen und kam nun erst langsam hervor, als Robin zurück war. Sie beide setzten sich aufs Bett und verspeisten hungrig Spaghetti und Pizza.

Dann legten sie sich schlafen.

Es stand ihnen ein ereignisreicher Tag bevor.

EINE NEUE SPUR

Robin schreckte panisch hoch, als Ronja ihn am nächsten Morgen weckte.

»Was ist passiert?«, fragte er ängstlich und sah sich hastig um.

»Nichts ist passiert«, beruhigte Ronja ihn. »Ich wollte dich nur wecken.«

»Was? Wieso?«, fragte Robin immer noch aufgeregt. »Wieso bist du nicht in der Schule? Wie spät ist es?«

»Ganz ruhig«, beschwichtigte Ronja ihn erneut. »Wir haben Glück. Meine Mutter will heute nicht nur länger im Büro bleiben, sie ist auch früher als sonst hingefahren. Es ist erst halb acht. Meine Mutter ist gerade weg.«

Robin besann sich allmählich.

»Aha«, sagte er. »Und wieso ist das ein Glück für uns? Und wann musst du in die Schule?«

»Gar nicht«, antwortete Ronja gut gelaunt. »Das ist ja das Glück.«

Robin verstand nicht ganz. »Wieso nicht? Wir haben doch noch gar keine Ferien.«

Ferien waren für Robin ganz und gar kein Glück, seit er

aus dem Heim abgehauen war. Denn er traf sich ja täglich mit seinem besten Freund Jonas, der nach wie vor in dem Heim wohnte, aus dem Robin abgehauen war, und den er nur an der Schule sehen konnte. Verabredungsgemäß täglich in der ersten großen Pause am Schulzaun. Zwar lief Robin dabei jedes Mal Gefahr, dass ihr geheimes Treffen aufgeflogen war und plötzlich die Polizei auftauchte. Aber es war immer noch die beste Möglichkeit, Jonas regelmäßig zu sehen.

Doch Ronja hatte kein Schulfrei, im Gegenteil: »Ich schwänze heute. Ganz einfach. So haben wir den ganzen Tag Zeit, unseren Spuren nachzugehen und deinen Vater weiterzusuchen.«

Robin stand aus dem Bett auf und zog sich sein Shirt und seine Hose über seine Unterwäsche, in der er geschlafen hatte.

Ronja sah ihm stirnrunzelnd zu. »Willst du dir nicht mal frische Wäsche anziehen?«

»Hab ich nicht mehr«, antwortete Robin.

Ronja rollte mit den Augen. »Wie lange trägst du die Klamotten schon?«

Sie rümpfte dabei die Nase.

»Weiß ich nicht«, wich Robin aus. Und wechselte lieber schnell das Thema. »Du weißt, dass du nicht die Schule schwänzen kannst, bis ich meinen Vater gefunden habe, oder? Das wird deine Mutter merken. Und was ist eigentlich mit *deinem* Vater?«

»Zu dem würde ich eigentlich nächstes Wochenende gehen«, antwortete Ronja. »Aber ich werde ihm noch absagen.«

»Würde ich nicht machen«, sagte Robin.

»Was?«

»Deinem Vater absagen. Ich wäre glücklich, wenn ich meinen Vater besuchen könnte«, erläuterte Robin. »Du hast das Glück. Wirf es nicht weg. Besuch ihn! Ich komme ein Wochenende lang auch allein klar.«

»Mal sehen«, räumte Ronja ein.

Robin schnappte sich die Wasserflasche und nahm einen großen Schluck. Dann schaute er auf Little John.

»Im Haus ist niemand?«, vergewisserte er sich.

Ronja bestätigte: »Nein.«

Robin öffnete die Tür und ließ Little John hinaus in den Garten. Dort konnte er sein Morgengeschäft erledigen und am Wasserhahn aus einer Schüssel trinken, die Robin ihm am Vortag hingestellt hatte. Dabei fiel ihm ein: »Ich müsste auch mal aufs Klo.«

»Klar, kein Problem«, antwortete Ronja. »Wir gehen rüber. Du kannst auch duschen.«

»Brauche ich nicht«, antwortete Robin, ohne Ronja dabei anzusehen. Irgendwie schien er ihr zu schmutzig zu sein, dachte er plötzlich. Er überlegte kurz und lenkte dann ein. »Das heißt: Wäre vielleicht keine schlechte Idee.«

»Das denke ich auch«, stimmte Ronja ihm zu.

»Aber frische Wäsche habe ich trotzdem nicht«, stellte Robin klar. »Und frag nicht, ob ich etwas von dir anziehe.«

Ronja lachte. »Nein? Wieso nicht? Ich hab dir schon meinen Minirock rausgelegt.«

Robin schaute sie entsetzt an. Meinte sie das ernst?

Ronja lachte erneut. »Das war ein Scherz. Ich besitze überhaupt keine Miniröcke.«

»Wieso nicht? Ich finde Miniröcke cool«, behauptete Robin.

»Ja, genau«, winkte Ronja schmunzelnd ab. »So cool, dass du auf keinen Fall einen anziehen würdest.«

»Ich bin ein Junge!«, stellte Robin klar.

»Die Männer in Schottland tragen auch Röcke«, erwiderte Ronja. »Sogar den König von England habe ich schon im Schottenrock gesehen.« Auf Robins erstaunten Blick ergänzte sie: »Im Fernsehen.«

»Ich kann mir trotzdem nicht vorstellen, einen Rock zu tragen«, gab Robin zu.

»Aus dem gleichen Grund trage ich keine«, erläuterte Ronja. »Ich fühle mich darin nicht wohl. Fertig.«

»Zum Glück sieht das deine Mutter anders«, kommentierte Robin.

Ronja runzelte die Stirn. Sie wusste nicht, was Robin ihr damit sagen wollte.

»Na, wenn deine Mutter sich nicht gerade in der Boutique ein neues Kleid gekauft hätte, als ich dort auf der Flucht vor der Polizei reingestürzt bin, wären wir uns nie begegnet«, erinnerte Robin sie.

Ronja lächelte. »Das stimmt! Und das wäre echt schade gewesen. Ein Hoch auf das neue Kleid meiner Mutter!«

Sie gingen lachend hinüber ins große Haus und ließen Little John noch draußen herumstreunen. Robin ging in den ersten Stock hinauf, um zu duschen. Ronja toastete ein paar Brote und goss ihnen zwei Gläser Orangensaft ein.

Ihr iPad hatte sie sich schon zurechtgelegt. Jetzt holte sie noch die Kreditkarte dazu, die sie dem Eindringling in der ehemaligen Wohnung von Robins Familie abgenommen hatten.

Als Robin aus dem Bad herunterkam, lächelte Ronja ihn an.

»Was ist?«

»So hab ich dich noch nie gesehen«, sagte Ronja.

Robin hatte eine blitzeblank saubere Haut und frisch gewaschene, nasse, glatt gekämmte Haare. Seine sauber geputzten Zähne verliehen seinem strahlenden Gesicht einen zusätzlichen Glanz. Nur seine Kleidung war noch die alte und von den wenigen Tagen in der Obdachlosigkeit bereits recht verschmutzt und verschlissen.

»So sehe ich normalerweise auch nur nach dem Sportunterricht aus«, erläuterte Robin. »Da duschen Jonas und ich immer, weil wir dann eine gute Entschuldigung haben, später in den nachfolgenden Unterricht zu kommen. Nach dem Sport haben wir immer Geografie. Im Heim duschen wir nur sonnabends.«

Robin benutzte den Hamburger Ausdruck für Samstag. Es fiel Ronja auf, weil ihre Eltern diesen Begriff nie benutzten.

Ronja zeigte auf den Bildschirm. »Ich hab den Namen von der Kreditkarte des Typs, der dich ständig verfolgt hat, im Internet eingegeben.«

Robin schaute ihr über die Schulter auf das Display. »Und?«

»Und? Unser Toast ist fertig!«, antwortete Ronja und ging zum Toaster.

»Oh Mann«, beschwerte sich Robin. »Was hast du herausbekommen?«

»Der Typ heißt Arndt Spalter und ist angeblich Privatdetektiv«, antwortete Ronja.

Robin wollte gerade seinen Toast mit Marmelade bestreichen, doch nun hielt er inne und schaute Ronja verdutzt an.

»Privatdetektiv?«, wiederholte er ungläubig. »Ich dachte, so etwas gibt es gar nicht in echt. Nur in Filmen.«

»Doch, doch«, antwortete Ronja. »So genau weiß ich es zwar auch nicht. Aber ich glaube, das sind Leute, die eben privat für ihre Auftraggeber ermitteln. Also Dinge, bei denen die Polizei sich nicht zuständig fühlt. Wenn man zum Beispiel jemanden ausspionieren will. Das würde die Polizei ja nie machen, wenn es kein Verdächtiger ist. Und da nimmt man sich einen Privatdetektiv.«

»Ausspionieren?« Robin kam die ganze Sache mit seinem Vater immer mysteriöser vor. Doch so ganz allmählich begann er zu begreifen. »Da will also jemand herausbekommen, was mein Vater als Journalist über eine Sache herausgefunden hat? Über welche Informationen er verfügt?«

Ronja nickte. »So scheint es zu sein. Was mich nur stutzig macht: Da ist jemand neun Jahre lang hinter deinem Vater her? Ich meine, wenn dein Vater über derart brisante Informationen verfügt, wieso hat er sie nicht längst veröffentlicht?«

Robin zuckte nur mit den Schultern. »Ja, das würde mich auch interessieren.«

»Lass uns schnell frühstücken, und dann schauen wir mal in dem Detektivbüro vorbei. Im Internet war ganz offiziell eine Adresse angegeben.«

Robin schlang seinen Toast hinunter, stürzte das Glas Orangensaft in einem Zug in sich hinein und sagte: »Okay, gehen wir!«

Ronja wollte gerade den ersten Bissen von ihrem Toast nehmen. Sie verharrte einen Moment mit offenem Mund, überlegte – und willigte dann ein: »Na schön, ich kann auch auf dem Weg essen.«

Little John freute sich, dass es endlich hinaus auf die Straße ging. Zwar gefiel ihm der Garten, aber durch die Stadt zu streunen, war doch etwas anderes. Auf dem Weg zum Bahnhof kauften sie in einem kleinen Supermarkt drei Dosen Hundefutter. Eine Dose öffneten sie sofort am Wegesrand und ließen Little John sich erst einmal satt essen. Die zwei weiteren Dosen steckte Ronja für den Abend und den nächsten Morgen in ihren Rucksack.

Eine Dreiviertelstunde später kamen Robin, Ronja und Little John in der sogenannten City Nord an, einem Viertel in unmittelbarer Nähe des Stadtparks, das hauptsächlich aus Bürogebäuden bestand. Ein großer Energiekonzern hatte hier seine Zentrale, sowie einige Versicherungen und Mineralölgesellschaften.

»Hier war ich noch nie«, bekannte Robin. »Du?«

Ronja schüttelte den Kopf. »Nur drüben auf der anderen Seite – im Stadtpark.«

Sie sah sich um.

»Ich wüsste auch nicht, was ich hier sollte«, kommentierte sie. »Die reinste Betonwüste hier. Echt hässlich.«

»Wie war noch mal die Adresse?«, fragte Robin.

»Mexikoring 23«, las Ronja vor und zeigte ihm das Display mit der Navigationsapp auf ihrem Smartphone. »Von hier aus nur noch 450 Meter.«

Auch Robin schaute sich noch mal um. »Was hat denn diese Ringstraße bitte schön mit Mexiko zu tun?«

»Keine Ahnung«, sagte Ronja. Und ergänzte: »Vielleicht wegen der Wüste. Ich hab doch gleich gesagt, das hier sieht aus wie eine Betonwüste.«

Robin lachte. Das war bestimmt nicht der Grund für den Straßennamen.

Kurz darauf erreichten sie das entsprechende Gebäude.

Enttäuscht stand Robin davor: »Bist du sicher, dass die Adresse stimmt?«, fragte er nach. Denn sie standen vor – einer Parkgarage! »Hier gibt es doch kein Büro.«

Ronja war sich da noch nicht so sicher.

»Wer weiß?«, antwortete sie und zeigte auf ein großes Hinweisschild, das genau neben der Ausfahrt der Garage an einem Treppenaufgang an der Wand hing. »Dort geht es hoch zu einem italienischen Restaurant. Und wo ein Restaurant ist, könnte es doch auch ein Büro geben.«

Robin hoffte, dass Ronja recht behielt.

Sie stiegen die Treppe hinauf und landeten in einer Art Fußgängerzone, allerdings ohne Geschäfte. Nur das Restaurant gab es hier; ansonsten führte der reine Fußgängerweg einfach nur an zahlreichen Eingängen verschiedener Bürogebäude vorbei.

»Na, wer sagt's denn?«, freute sich Ronja. »In einem der Büros sitzt bestimmt der Detektiv!«

Doch sie täuschte sich. Robin und sie gingen von Tür zu Tür, schauten auf jede Klingel, auf jedes Namensschild. Aber ein Detektivbüro fanden sie nicht.

Nachdem sie zwanzig Minuten intensiv vergeblich gesucht hatten, blieb Robin stehen und seufzte: »Ich hab keine Lust mehr. Hier gibt es definitiv kein Detektivbüro. Und Little John gefällt es hier auch nicht, zwischen all den Betonburgen. Lasst uns rübergehen in den Stadtpark. Da war ich auch erst zweimal in meinem Leben.«

Doch Ronja wollte nicht so schnell aufgeben.

»Ich kann mir nicht vorstellen, dass ein Privatdetektiv extra eine Webseite mit seinen Kontaktdaten ins Internet stellt, und dann gibt es ihn gar nicht«, sagte sie. »Das ergibt doch keinen Sinn.«

Robin zuckte mit den Schultern. »Aber genau so scheint es zu sein. Vielleicht ist die Webseite veraltet? Und das Büro gab es nur früher mal hier.«

Ronja zog nachdenklich die Augenbrauen zusammen. An Robins Überlegung war etwas dran, fand sie. Und überprüfte es sofort, indem sie die Webseite mit ihrem Smartphone aufrief.

»Letzte Aktualisierung im vergangenen Oktober«, las sie vor. »Das ist jetzt nicht sooo lange her, oder?«

Robin zuckte wieder nur mit den Schultern. »Jedenfalls gibt es hier kein Büro. Basta.«

Er wollte schon mit Little John losziehen, doch Ronja gab sich noch immer nicht zufrieden. Kurz entschlossen schritt sie zu der Eingangstür, die dem Aufstieg aus der Parkgarage genau gegenüberlag. Die Tür war nicht verschlossen, sodass sie das Treppenhaus betreten konnte. Gleich auf der rechten Seite hingen die ganzen Briefkästen des Hauses.

»Das meiste hier sind offenbar Wohnungen und gar keine Büros«, stellte sie fest.

Robin war ihr nachgegangen. Little John wartete draußen vor der Tür.

Ronja ging alle Namen durch und stoppte mit dem Zeigefinger plötzlich an einem Briefkasten. »Hier!«

Robin schaute auf das Namensschild: *Spalter* stand darauf.

»Das ist der Name unseres Privatdetektivs«, erinnerte Ronja ihn.

»Wow!«, stieß Robin aus. »Hier also ist sein Büro?«

»Schauen wir mal«, schlug Ronja vor.

Gemeinsam stiegen sie die Treppen des mehrstöckigen

Hauses hinauf. An jeder Tür in jeder Etage blieben sie stehen. Aber den Namen *Spalter* fanden sie kein zweites Mal.

»Das gibt es doch nicht!«, schimpfte Robin, als sie vor der letzten Tür im oberen Stockwerk standen. »Haben wir eine Tür übersehen?«

Ronja schüttelte den Kopf. »Das glaube ich nicht.«

»Sondern?«, fragte Robin.

»Briefkastenfirma!«, behauptete Ronja.

Da Robin nicht wusste, was eine Briefkastenfirma war, erläuterte Ronja es: »Eine Scheinfirma. Eine Tarnung. Man hat einen Namen und eine Adresse für eine Firma, obwohl es diese Firma gar nicht gibt. Sondern nur einen Briefkasten, um zum Beispiel Post zu empfangen. Oder damit die Scheinfirma tatsächlich in Adressverzeichnissen erscheint und so weiter.«

Robin runzelte die Stirn. »Und wozu soll das gut sein?«

»Von meiner Mutter weiß ich, dass manche Firmen das machen, um Steuern zu sparen oder sogar illegal zu umgehen. Wie das genau funktioniert, habe ich nicht verstanden.«

Plötzlich fiel Robin etwas ein. »Ich habe mal einen Agenten-Comic gelesen. Da hatten die Agenten einen toten Briefkasten. Das heißt, ein Versteck, in dem sie sich gegenseitig geheime Nachrichten zugesteckt haben.«

»Genau!«, stimmte Ronja begeistert ein. »So etwas könnte es sein. Über die Tarnung eines Detektivbüros erhält der angebliche Arndt Spalter vielleicht seine Anweisungen oder Aufträge. Der Vorteil: Niemand weiß, wer er eigentlich wirklich ist. Niemand bekommt ihn zu Gesicht. Und vor allem: In einen ganz normalen altertümlichen Briefkasten kann sich niemand hineinhacken wie in einen Computer oder ein Handy.«

»Wow!«, sagte Robin wieder. »Dann haben wir einen toten Briefkasten eines Agenten oder so entdeckt?«

»Vielleicht«, stimmte ihm Ronja nur halb zu. »Agenten weiß ich nicht, aber ziemlich sicher eine Art von totem Briefkasten.«

»Das Blöde ist nur, dass wir jetzt keinen Schritt weiter sind. Wir wissen immer noch nicht, wer dieser Arndt Spalter ist und von wem er den Auftrag bekommen hat, mich zu beschatten und meinen Vater zu suchen«, wandte Robin ein.

»*Noch* wissen wir das nicht«, betonte Ronja. »Aber ich habe schon eine Idee!«

VERFOLGER ÜBER VERFOLGER

Robin musste sich beeilen, wenn er es schaffen wollte, pünktlich zur ersten großen Pause zu seinem Treffen mit Jonas am Schulzaun zu erscheinen. Zwar waren er und Ronja früh aufgebrochen, um das angebliche Detektivbüro zu suchen, aber die Suche hatte dann doch länger gedauert als erhofft. Es ging auf neun Uhr zu, und sie hatten nur noch eine halbe Stunde Zeit, um vom Mexikoring in der City Nord bis zur Schule in St. Pauli zu kommen. So gut wie unmöglich. Ronja mietete per App einen E-Roller, mit dem sie beide zusammen zur nächsten U-Bahn-Station düsten.

»Vorsicht!«, rief Robin ein paarmal, als Ronja auf dem Bürgersteig Vollgas gab. Robin stand vorn und hielt sich in der Mitte des Lenkers fest, während Ronja von hinten die Arme um ihn geschlungen hatte, um an Lenker, Bremse und »Gas«hebel heranzukommen. Sie bediente zwar den Roller, musste aber von hinten immer um Robin herumschauen, um sehen zu können, wohin sie fuhr. Little

John lief hinter ihnen her. Manchmal konnte er das Tempo nicht halten und fiel zurück, hatte den Roller mit seinem Herrchen aber immer im Blick.

»Wäre es nicht klüger, ich würde fahren?«, fragte Robin. »Oder ich stelle mich hinter dich und halte mich an dir fest.«

»Kommt nicht infrage«, lehnte Ronja ab und düste lieber weiter auf diese abenteuerliche Weise zum U-Bahnhof.

Robin atmete erleichtert auf, als sie heil ankamen. Noch erleichterter war er, als kurz darauf auch Little John hechelnd bei ihnen eintraf.

»Der arme Kerl ist völlig fertig«, bedauerte Robin den Hund. »Du bist zu schnell gefahren.«

»Ich dachte, du hast es eilig wegen Jonas«, verteidigte sich Ronja.

Von diesem U-Bahnhof aus fuhr die U-Bahn zum Glück direkt bis St. Pauli durch – ohne Umsteigen. Vielleicht konnten sie es ja doch noch rechtzeitig schaffen.

Der einzige Vorteil des weiten Wegs war, dass Ronja in der U-Bahn ausführlich ihre Idee erläutern konnte.

»Ich denke, wir müssen den Spieß umdrehen«, begann sie, kaum dass sie Platz genommen hatten.

»Wie das?«, fragte Robin, während er sich etwas Wasser aus seiner Plastikflasche in die hohle Hand goss, damit Little John daraus trinken konnte.

»Na, wir machen es umgekehrt«, erklärte Ronja. »Bisher war dieser angebliche Detektiv ja hinter dir her, weil er sich erhofft hat, über dich an deinen Vater heranzukommen.«

Robin nickte, obwohl er die Idee noch immer nicht verstanden hatte. »Und was machen wir nun umgekehrt? Wir verfolgen den Detektiv, um meinen Vater zu finden? Aber der Detektiv weiß doch gar nicht …«

»Nein«, unterbrach Ronja ihn. »Ich meine: Ja, wir werden den Detektiv verfolgen. Aber nicht, um über ihn deinen Vater zu finden, sondern, um zu erfahren, wer seine Hintermänner sind. Wir müssen herausbekommen, wer eigentlich hinter deinem Vater her ist. Und warum. Auf diese Weise können wir vielleicht nicht nur deinen Vater finden, sondern ihn gleichzeitig auch vor seinen Verfolgern schützen.«

Robin kräuselte die Stirn. Er versuchte, genau zu verstehen, was Ronja ihm vorschlug.

»Aber die Hintermänner, wie du sie nennst, wissen doch auch nicht, wo mein Vater steckt«, wandte er ein.

»Nein«, bestätigte Ronja. »Zum Glück nicht. Aber vielleicht kennt dein Vater die Hintermänner auch nicht so genau. Und deshalb lebt er vielleicht versteckt im Untergrund, statt sich an die Polizei zu wenden. Die Polizei kann einen nämlich auch nicht schützen, wenn sie nicht genau weiß, vor wem oder was.«

»Puh!« Robin kratzte sich am Kopf. Er war nicht sicher, ob er alles richtig verstanden hatte. Dennoch stimmte er Ronja erst mal zu. »Guter Plan.«

Ronja schien allerdings zu merken, dass er in Wahrheit

gar nicht so genau wusste, was sie vorhatte. »Ach ja?«, fragte sie nach. »Wie sieht denn mein Plan aus? Ich habe doch noch gar keinen genannt!«

»Öh …«, stotterte Robin. »Na ja, den Detektiv verfolgen und die Hintermänner finden.«

»Genau«, bestätigte Ronja. »Aber wie? Ich meine, wie finden wir den Detektiv? Sein angebliches Büro besteht nur aus einem Briefkasten.«

»Stimmt«, stellte Robin resigniert fest. »Dann …« Jetzt ging ihm das Problem erst so richtig auf. »Dann können wir den Detektiv vielleicht gar nicht finden?«

»Kennst du Sherlock Holmes?«, fragte Ronja.

»Ja, schon. Irgendwie. Das war doch so ein berühmter Detektiv, oder?«, antwortete Robin.

»Das war ein Super-Detektiv«, erläuterte Ronja. »Allerdings nur eine Romanfigur. Das erste Buch erschien 1886.«

Robin riss erstaunt die Augen auf. 1886 war vor mehr als 130 Jahren gewesen!

»Damals gab es natürlich keine Computer, kein Internet, keine Handys. Das Telefon war gerade erst erfunden worden«, erläuterte Ronja weiter. »Trotzdem war Sherlock Holmes sehr gut vernetzt. Sein Netzwerk waren die Obdachlosen, die überall in der Stadt verteilt Augen und Ohren offen hielten und Sherlock sehr oft mit nützlichen Informationen und Beobachtungen weiterhalfen.«

Jetzt begriff Robin, weshalb Ronja ihm das alles erzählte.

»Du meinst, wir könnten …«

»… diesen angeblichen Detektiv Arndt Spalter mithilfe der Obdachlosen suchen, finden und ihn beschatten lassen. Ganz genau!« Ronja war ganz begeistert von ihrem Plan. »Du hast doch super Kontakte zu den Obdachlosen!«

»Na ja«, wiegelte Robin ab. So toll waren seine wenigen Erfahrungen in der Welt der Obdachlosen nicht gewesen, fand er. Und genau genommen hatte er nur einen kennengelernt, dem er vertraute. Das war »Bruder Tuck«. So hatte der alte Mann sich bei ihm vorgestellt, nachdem er Robins Namen gehört hatte. Seinen richtigen Namen kannte Robin gar nicht.

»Ich kann's über Bruder Tuck versuchen«, versprach Robin. »Dazu muss ich ihn allerdings erst mal finden. Jetzt aber muss ich zunächst einmal zu Jonas.«

Kurz darauf erreichten sie pünktlich die Schule.

Ronja wartete in einiger Entfernung. Sie wussten ja, dass der mysteriöse Mann bereit war, Robin bis in die Schule hinein zu verfolgen. Und es war immer noch gut möglich, dass er nach wie vor nichts von Ronja wusste. Zwar hatte sie ihm in Robins alter Wohnung eine Bratpfanne über den Schädel gezogen, aber sie hatte von hinten angegriffen. Da hatte der Verfolger Ronja vermutlich gar nicht sehen können. Zumindest waren sie sich ziemlich sicher, dass er nicht wusste, dass Robin bei ihr wohnte, und dass er auch nicht Ronjas Adresse kannte. Deshalb hielt sie es nicht für klug, wenn man sie gemeinsam am Schulzaun sah.

Jonas stand bereits da, als Robin ankam. Was ungewöhnlich war. Normalerweise musste Robin warten, bis Jonas aus dem Unterricht kam. Das zweite Ungewöhnliche war, dass Jonas sich ein Halstuch bis über die Nase gezogen hatte und eine Sonnenbrille trug. Er wirkte ein wenig wie ein Kind, dass Bankräuber spielte.

»Wie siehst du denn aus?«, fragte Robin.

»Mit ist kalt«, behauptete Jonas.

»Kalt?«, wiederholte Jonas und zeigte in den strahlend blauen Himmel. »Es ist Mitte September. Strahlende Sonne. Es hat jetzt bestimmt schon weit über 22 Grad. Heute wird es richtig warm. Was ist los mit dir?«

Robin wusste, dass Jonas selbst im Winter nur selten fror. Also war seine Begründung purer Schwindel.

»Nichts«, wich Jonas aus.

Robin ließ sich nichts vormachen.

»Komm schon!«, forderte er. »Setz mal die Brille ab und zieh dein Halstuch herunter.«

Jonas zögerte. Doch dann befolgte er Robins Bitte.

Robin wich kurz erschrocken zurück, obwohl er sich genau so etwas schon gedacht hatte.

Jonas hatte ein deutlich sichtbares blaues Auge, ein echtes »Veilchen«, wie man so sagte. Und eine aufgeplatzte Unterlippe, die vor Kurzem bestimmt noch stark geblutet hatte.

»Du meine Güte!«, stieß Robin aus. Er musste nicht lange raten, woher Jonas diese Blessuren hatte. »Ross?«

Jonas nickte verschämt.

Ross war einer der Bewohner des Kinderheims, aus dem Robin geflohen war und in dem Jonas immer noch wohnte. Er war ein echter Tyrann, der jede Gelegenheit nutzte, andere Heimkinder zu malträtieren, sie zu beherrschen und zu quälen. Sein bevorzugtes Opfer war Jonas. Solange Robin im Heim gewesen war, hatte Jonas einigermaßen Ruhe gehabt, weil Robin ihn beschützte. Robin war so ziemlich der Einzige im Heim, der es mit Ross aufnahm und sich ihm in den Weg stellte, obwohl auch Robin ihm körperlich deutlich unterlegen war. Doch er machte diesen Nachteil mit Kampfeswillen, Mut und Raffinesse in der Regel mehr als wett. Seit Robin aber abgehauen war, war Jonas der Tyrannei von Ross schutzlos ausgeliefert.

»Den schnapp ich mir!«, versprach Robin. »Ich hatte ihn gewarnt, dass er die Finger von dir lassen soll.«

Jonas winkte ab. »Nein. Tu das nicht. Ich komme schon klar.«

Robin wurde schlagartig klar, wer der Grund für Ross' Schläge war: er, Robin, selbst.

»Ross wollte von dir wieder wissen, wo ich stecke. Stimmt's?«

Jonas nickte zaghaft. »Ja.« Und fügte schnell an: »Aber ich habe nichts gesagt. Kann ich ja auch gar nicht. Ich weiß ja wirklich nicht, wo du zurzeit übernachtest.«

»Das ist auch besser so«, bestätigte Robin. »Aber Ross glaubt dir nicht, oder?«

Jonas schüttelte den Kopf.

Das hatte Robin sich gedacht. Nur eine Frage blieb noch offen: »Wieso ist Ross so wild darauf, mich zu finden? Macht Fred so einen Druck?«

Fred war der Heimleiter. Eigentlich war der ganz in Ordnung, und alle kamen mit ihm recht gut klar. Nur, dass er Robin verheimlicht hatte, dass sein Vater noch am Leben war, und ihn diesbezüglich neun Jahre lang belogen hatte, das verzieh Robin ihm nicht. Und das war auch der Grund, weshalb Robin aus dem Heim abgehauen war, um seinen Vater zu suchen.

»Eigentlich macht Fred überhaupt keinen Druck«, berichtete Jonas. »Okay, er hätte schon gern, dass du gefunden wirst und zurück ins Heim kommst. Ist ja klar. Aber er glaubt, du kehrst bald von allein zurück.«

»Ha!«, kommentierte Robin. »Da kann er lange warten.« Doch dann kam er auf die eigentliche Frage zurück. »Warum aber ist Ross so wild darauf, mich unbedingt zu finden?«

Jonas machte plötzlich eine sehr ernste und nachdenkliche Miene.

Robin kannte sie. Die machte Jonas immer, wenn er angestrengt nachdachte. Meistens kam dann irgendeine geniale Idee heraus. Robin bewunderte Jonas für seine Intelligenz. Und so gesehen waren sie immer ein unschlagbares Team gewesen: Jonas mit seiner Klugheit und Robin mit seinem Mut und Kampfgeist.

»Ich glaube, da steckt dieser komische Typ dahinter, der dich verfolgt«, mutmaßte Jonas.

Robin riss vor Staunen die Augen auf. »WAS? Ross steckt mit dem unter einer Decke? Woher kennen die sich?«

Jonas hob abwehrend die Hände und zuckte gleichzeitig mit den Schultern.

»Ich glaube nicht, dass die sich kennen. Also, zumindest hat Ross meiner Meinung nach keinen Schimmer, für wen er da arbeitet ...«

»Wie meinst du das: für ihn arbeiten?«, unterbrach ihn Robin.

»Ich glaube, dass der Typ Ross dafür bezahlt, dass er herausbekommt, wo du dich versteckst«, erläuterte Jonas. »Und ich nehme an, Ross wird nur bezahlt, wenn er Erfolg hat. Dann allerdings muss es sich wohl richtig lohnen. Jedenfalls habe ich so etwas in diese Richtung gehört. Und das ist wohl auch der Grund, weshalb er mich so vermöbelt hat. Pure Verzweiflung. Er will unbedingt herausbekommen, wo du steckst. Und du weißt ja, Ross ist nicht gerade die hellste Leuchte. Allein auf sich gestellt, bekommt er das nie heraus.«

Robin begriff.

»Heißt das, er wird dich jetzt ständig verprügeln?«, fragte er besorgt nach.

Doch Jonas winkte ab. »Nein, ich denke, er hat begriffen, dass ich es wirklich nicht weiß. Dass wir uns hier regelmäßig am Schulzaun treffen, habe ich ihm allerdings auch nicht verraten.«

Jonas grinste stolz.

Robin lächelte. »Danke. Du bist ein echter Freund.«

»Klar«, bestätigte Jonas. »Du würdest das Gleiche doch für mich tun.«

Robin nickte. »Allerdings. Und ob du es willst oder nicht, den Ross werde ich mir noch schnappen wegen dem da.«

Robin zeigte auf Jonas' lädiertes Gesicht.

»Das musst du nicht«, wiegelte Jonas noch mal ab.

Doch Robin war da anderer Meinung.

»Oh doch!«, widersprach er. »Das muss ich, und das werde ich. Verlass dich drauf. Ross wird dich danach nicht mehr anfassen. Versprochen.«

»Da bin ich mal gespannt«, kommentierte Jonas lächelnd.

Das war Robin auch. Denn er hatte noch nicht die geringste Idee, was er mit Ross machen sollte. Aber das behielt er jetzt lieber für sich.

Es läutete zum Pausenende. Jonas musste wieder in den Unterricht.

Die beiden verabschiedeten sich.

Und Robin wusste, dass er noch vorsichtiger sein musste als bisher schon. Die Polizei suchte ihn, weil er aus dem Heim abgehauen war. Ein mysteriöser Schein-Detektiv war hinter ihm her, der offenbar zu jenen gehörte, die auch seinen Vater jagten. Ross hatte sich auf deren Seite geschlagen und spionierte ihm nach. Nun waren es schon mindestens drei Parteien, die ihn suchten und verfolgten! Das würde seine Suche nach seinem Vater sicherlich erschweren. Aber vielleicht lag auch eine Chance darin. So, wie Ronja vorgeschlagen hatte. Wenn er den Spieß umdrehte und begann, seine Verfolger zu verfolgen, damit die ihn letztlich unwissentlich auf die Spur seines Vaters führten.

WIEDERSEHEN MIT BRUDER TUCK

Robin, Ronja und Little John machten sich auf zur Suppenküche. Hier gab es mittags gratis Essen für Obdachlose. Robin wusste, dass Bruder Tuck hier oft anzutreffen war. Auf dem Weg erzählte er Ronja von seinem Gespräch mit Jonas, damit sie auf dem neuesten Stand war. Ronja fühlte sich nur noch mehr in ihrem Plan bestärkt, den Spieß nun umzudrehen, obwohl sie auch die große Gefahr sah, wenn gleich drei verschiedene Gruppen nach Robin fahndeten.

Robin entdeckte Bruder Tuck schon aus einiger Entfernung.

»Dort ist er!« Er zeigte auf die kleine Rasenfläche vor der Suppenküche, wo Bruder Tuck fast schon so etwas wie einen Stammplatz innehatte. Wenn er hierher zum Essen kam, saß er jedenfalls meistens dort. Robin freute sich, den alten Mann wiederzutreffen. Doch gerade, als er loslaufen wollte, um ihn zu begrüßen, entdeckte er noch jemanden – und stoppte abrupt.

Little John sah ihn verwirrt an, und Ronja fragte: »Was ist los?«

»Dort hinter dem Baum, hinter Bruder Tuck, siehst du?« Dieses Mal zeigte Robin nicht mit der Hand in die Richtung, sondern beschrieb sie nur. Bevor Ronja weiter nachfragen konnte, gab Robin gleich die Antwort: »Das ist Ross!«

Ronja schaltete sofort. »Du meinst, der lauert dir auf?«

»Was sollte er sonst hier?«, fragte Robin zurück. Jonas hatte ihm ja gerade erzählt, dass Ross möglicherweise von dem mysteriösen Verfolger bezahlt wurde, um ihn aufzuspüren. »Er weiß, dass ich unter den Obdachlosen lebe. Um ein Haar hätte er mich mal in der Obdachlosenunterkunft erwischt. Selbst für einen wie Ross ist es nicht schwer zu kombinieren, dass ich hier irgendwann mal zum Essen auftauche.«

Während er das sagte, ging Robin ein Stückchen beiseite, um hinter einem parkenden Fahrzeug aus Ross' Sichtlinie zu kommen. Auch Ronja duckte sich hinter dem Auto weg. Little John hingegen suchte sich etwas weiter einen Baum, um sein Geschäft zu erledigen.

Ronja grübelte. Robin erkannte es daran, dass sie auf ihrer Unterlippe herumkaute. So ähnlich wie bei Jonas hatte Robin inzwischen auch bei Ronja gelernt, dass man sie besser nicht störte, wenn sie angestrengt nachdachte. Auch dieses Mal lag er mit seiner Vermutung richtig. Denn plötzlich sagte Ronja: »Ich habe eine Idee. Ross kennt mich doch gar nicht, richtig?«

Robin nickte ihr zu. »Richtig!«

»Dann sollten wir zwar weiter aufpassen, dass er uns nie zusammen sieht. Aber jetzt können wir es ganz konkret nutzen«, erläuterte Ronja ihren Plan. »Pass auf: Ich schicke Bruder Tuck zu dir und lenke diesen Ross ab. Okay?«

»Wie willst du das anstellen?«, fragte Robin.

Statt einer Antwort erhielt er nur eine Anweisung: »Lauf zurück hinter die nächste Hausecke.« Sie zeigte auf die Straßenecke, von der sie eben gekommen waren. »Ich schicke Bruder Tuck zu dir.«

Robin hatte noch immer keinen Schimmer, was Ronja vorhatte. Aber er vertraute ihr.

Mit einem leisen Pfiff rief er Little John zu sich. Auch der sollte ihn nicht verraten. Ross durfte den Hund nicht sehen. Denn als Ross Robin in der Obdachlosenunterkunft um ein Haar erwischt hätte, war es Little John gewesen, der Robin zur Flucht verholfen hatte, indem er bellend, knurrend und beißend auf Ross losgegangen war.

Wie meistens hörte Little John aufs Wort, was immer wieder einem großen Wunder glich. Denn der Hund war noch nicht lange bei Robin. Und schon gar nicht hatte Robin jemals irgendwelche Versuche unternommen, ihn zu dressieren oder auch nur zu erziehen. Little John war seinem Herrchen sehr ähnlich: Beide ließen sich nur ungern etwas sagen und taten in der Regel das, was sie selbst für richtig hielten.

So schlich sich Robin gemeinsam mit Little John davon, während Ronja entschlossen auf den alten, obdachlosen Mann zuging.

»Guten Tag, Bruder Tuck!«, begrüßte sie ihn. Dadurch bedurfte es keiner weiteren Vorstellung. Nur Robin nannte den alten Mann so.

Dennoch zog Bruder Tuck erstaunt die Augenbrauen hoch. »Du bist das Mädchen, bei dem Robin gerade wohnt?« Mit ihrem Besuch hatte er offenbar nicht gerechnet.

Ronja sah sich sicherheitshalber erst noch zu allen Seiten um, besonders hinüber zu Ross, bevor sie die Frage bejahte.

»Geht es ihm gut?«, fragte Bruder Tuck.

»Ja, er steht um die Hausecke da vorn.« Sie zeigte mit einem leichten Kopfnicken die Richtung an. »Er wartet auf Sie und würde Sie gern sprechen.«

»Warum kommt er nicht selbst her?«, hakte der Alte misstrauisch nach.

Ronja nickte mit dem Kopf nun zur anderen Seite. »Wegen dem da, der sich hinter dem Baum versteckt. Robin glaubt, dass der ihm auflauert.«

Der Alte verstand. »Sie sind also immer noch alle hinter ihm her, und Robin will trotzdem nicht zurück ins Heim, wo er am sichersten wäre. Ich verstehe.«

»Der Typ dort am Baum heißt Ross und wohnt in Robins Heim«, stellte Ronja klar. »Ich glaube also nicht, dass Robin dort sicherer wäre.«

Wieder zog der Alte die Augenbrauen hoch. Offensichtlich begriff er gerade, dass er sich geirrt hatte.

»Ich verstehe«, sagte er. Und erhob sich langsam und recht unbeweglich unter Stöhnen und Ächzen von der Wiese.

Ronja streckte sofort die Arme aus. »Soll ich Ihnen helfen?«

»Nein, nein«, ächzte der Alte. »Ist nur das alte Kreuz. Was soll man machen?«

Als er stand, schaute er über Ronjas Schulter hinweg rüber zum Baum und schien zu überlegen, was er mit dem Typen dort anstellen sollte.

»Gehen Sie ruhig zu Robin«, sprach Ronja ihm gut zu. »Ich werde Ross ablenken.«

»Wen?«

»Na, Ross. Der Typ, der da am Baum lungert.«

»Ah ja, natürlich«, sagte der Alte. Dann sah er Ronja ins Gesicht. »Es ist schön, dass Robin eine Freundin wie dich gefunden hat. Pass auf ihn auf.«

»Das mache ich«, versprach Ronja. »Ich werde ihn beschützen. Aber Sie können uns auch helfen. Robin wird es Ihnen erklären.«

Mit diesen Worten ließ sie den Alten allein, der nun begann, langsam, noch immer leicht gebückt und eine Hand an seinem Rücken haltend, hinüber Richtung Robin zu schlurfen.

Ronja hingegen ging entschlossen auf Ross zu.

Der sah sie zwar auf sich zukommen, begriff aber bis zu

dem Moment, als sie vor ihm stand, nicht, dass sie wirklich ihn meinte. Bevor er irgendetwas sagen konnte, legte Ronja sofort los: »Hast du Angst? Soll ich dir helfen?«

Ross schaute Ronja verdutzt an und stotterte: »Hä? Wie? Was?«

Ronja wiederholte ihre Frage.

Ross hatte seine Sprache wiedergefunden und fragte: »Wieso Angst? Wobei helfen?«

»Na, du hast doch Hunger und traust dich nicht in die Suppenküche hinein«, behauptete Ronja. »Das sieht man doch. Ich bin in einem sozialen Schülerprojekt. Ich helfe Obdachlosen. Ich kann mit dir hineingehen.«

Ross schaute Ronja dumpf an. Ronja sah ihm an, wie sehr sein Gehirn zu arbeiten hatte. Gaaaanz langsam begriff er – und war empört.

»Was?«, blökte er los. »Ich bin doch keiner von den Assis hier. Bist du blöd?«

»Interessant«, konterte Ronja schlagfertig. »Warum versteckst du dich denn sonst hier hinter dem Baum? Ich dachte, weil du dich schämst.«

Ross lief etwas rot an. »Schämen? Wieso? Ich …«

»Was tust du hier?«, hakte Ronja sofort nach. Sie wusste, dass ihm so schnell keine Antwort einfallen würde, weil er auf diese Situation überhaupt nicht vorbereitet war.

»Was geht dich das an?«, blaffte er sie deshalb einfach nur an.

Auch das brachte Ronja nicht aus der Ruhe. Sie hatte sich ihren Plan sehr genau überlegt.

»Das habe ich doch gerade gesagt«, gab sie ihm zu verstehen. »Ich bin in einem sozialen Schülerprojekt für Obdachlose. Dazu gehört auch eine gewisse Schutzfunktion.« Ronja wusste, wenn sie sich so gewählt offiziell ausdrückte, würde das die Wirkung auf Ross nicht verfehlen. Also setzte sie nach: »Wenn du kein Obdachloser bist, was lungerst du dann hier herum und glotzt die Obdachlosen an? Oder spionierst du sie aus? Das ist ein Eingriff in deren Privatsphäre. Wusstet du das nicht? Soll ich dich melden?«

Ross war völlig perplex. Er brachte nicht mehr zustande als ein unverständliches Gebrabbel, mit dem er sich schleunigst verzog. Und zwar glücklicherweise genau in die richtige Richtung, weg von Robin.

Ronja war äußerst zufrieden mit sich.

In dem Moment kam Little John zu ihr gelaufen. Offenbar war es ihm bei Robin und Bruder Tuck zu langweilig geworden. Und so hoffte er, Ronja würde mit ihm spielen.

Ronja zuckte kurz vor Schreck zusammen und schaute Ross hinterher, der aber schon weit genug entfernt war und sich auch nicht mehr zu ihr umdrehte.

Zum Glück. Denn Ross hätte Little John vielleicht wiedererkannt. Oder umgekehrt: Little John hätte Ross wieder böse angeknurrt. Damit hätte Ross dann gewusst, dass Robin in der Nähe war, und Ronjas Trick wäre vergeblich gewesen.

»Na, da haben wir ja noch mal Glück gehabt, dass du nicht eher aufgekreuzt bist.«

Sie hob ein Stöckchen von der Wiese auf und warf es im hohen Bogen fort.

Little John hetzte sofort im Höchsttempo hinterher. So ein unfassbares Glück: Er hatte jemanden zum Spielen gefunden!

Um die Ecke standen Bruder Tuck und Robin, der dem Alten soeben ihren Plan erläutert hatte.

»Den Spieß umdrehen?«, wiederholte Bruder Tuck. »Seid ihr verrückt geworden? Habt ihr eine Ahnung, wie gefährlich das für euch werden könnte?«

Robin hatte den alten Gefährten in alles eingeweiht, inklusive der Nachricht, die Robin von seinem Vater erhalten hatte.

Bruder Tucks Sorge galt genau dem Umstand, der auch Robin und Ronja Sorgen bereitet hatte: »Wenn es nicht auch für dich so extrem gefährlich wäre, hätte dein Vater dich ganz bestimmt nicht neun Jahre in dem Glauben gelassen, er wäre tot. Vertrau mir: Dein Vater hat recht. Lass die Finger davon.«

Robin kannte die ganze Debatte. Er hatte sie mit Ronja ja auch geführt.

»Was soll mir denn passieren?«, fragte er.

Bruder Tuck sah ihn ernst an: »Das, was deiner Mutter passiert ist.«

Robins Mutter war vor neun Jahren bei einem Autounfall ums Leben gekommen. Und bis vor Kurzem hatte Robin geglaubt, auch sein Vater wäre bei diesem Unfall gestorben. So hatte man es ihm jedenfalls über all die Jahre erzählt. Aber sein Vater lebte. Und je mehr Robin nachforschte, desto sicherer wurden er und Ronja, dass es damals kein Unfall gewesen war, sondern ein gezielter Anschlag auf seinen Vater.

Das glaubte auch Bruder Tuck. Und nun glaubte er, dass Robin genau so etwas zustoßen könnte, wenn er die Nachforschungen nicht einstellte.

»Ich kann nicht einfach so weiterleben mit dem Wissen, dass mein Vater lebt und ich ihn nicht gesprochen habe, seit ich drei Jahre alt war«, stellte Robin klar. »Wenn mir etwas passiert, okay, dann ist es eben so. Aber dann habe ich es wenigstens probiert. Doch meine Suche einzustellen, ins Heim zurückzukehren und so zu tun, als wäre nichts gewesen – nein, das geht gar nicht!«

Robin war fest entschlossen. Und Bruder Tuck verstand es.

»In Ordnung, Junge«, sagte er. »Wenn das so ist, dann helfe ich dir.« Er schaute sich um. »Wo ist deine Freundin? Wir müssen bereden, wie wir das am besten anstellen.«

Robin schaute um die Ecke und sah Ronja mit Little John spielen. Er wollte sie beide gerade rufen, doch da kamen plötzlich zwei Polizisten die Straße entlang. Eine Streife!

»Scheiße«, fluchte Robin. »Die Bullen!«

Auch Bruder Tuck schaute um die Hausecke.

»Das ist kein Zufall, Kleiner. In letzter Zeit kommen die

fast täglich hier vorbei. Früher fast nie. Klarer Fall: Die suchen dich!«

»Scheiße!«, wiederholte Robin.

»Hau ab, Kleiner«, forderte Bruder Tuck ihn auf. »Ich sage deiner Freundin Bescheid.«

»Wohin?«, fragte Robin und sah sich hektisch um.

Der Alte stieß einen kurzen Lacher aus, was bei ihm immer klang wie das Röcheln, wenn man sich an Wasser verschluckt hat. »Na, wohin sollte ein Robin Hood schon fliehen? In den Wald natürlich!«

»Wald?«, fragte Robin nach. Hier gab es keinen Wald.

Bruder Tuck seufzte einmal tief, wobei seine Lunge rasselte wie eine Metallkette, die zu Boden fällt. »Na, in den Park, du Schafskopf. Los zieh ab!«

EIN ÜBERRASCHENDES ANGEBOT

Robin rannte, so schnell er konnte, zum Park.

Für Little John war es ein großer Spaß. Erst hatte Ronja mit ihm Ball gespielt, jetzt durfte er mit Robin um die Wette sprinten.

Robin aber hatte nur Angst, erwischt zu werden. Denn er glaubte, dass die Polizisten ihn schon entdeckt hatten und ihn jetzt verfolgten.

Er hetzte an der Kersten-Miles-Brücke entlang, überquerte die Helgoländer Allee und erreichte den Park unversehrt. Aber das war nur die erste Etappe.

Als er sich umsah, erkannte er, dass die beiden Streifenpolizisten tatsächlich hinter ihm her waren. Verdammt.

Er hätte sich in einem der großen Büsche im Park verkriechen können, aber das erschien ihm zu riskant. Wenn die Polizisten ihn dabei beobachteten, war er geliefert.

Ebenso, wenn Little John es im Versteck nicht lange genug aushielt und davonlief, direkt ins Blickfeld der Polizisten. Nein, er musste weiter.

Der Weg führte durch die großen Büsche und Bäume hindurch, tiefer in den Park hinein und dann weiter Richtung Bismarck-Denkmal. Robin wich von dem Pfad ab und lief quer über die Wiese bis zur nächsten Böschung, in die er förmlich hineinsprang. Little John folgte ihm begeistert.

Robin legte sich in der Böschung flach auf den Boden und wartete auf die Polizisten, um zu beobachten, ob sie ihm noch folgten.

Doch für Little John war das Spiel noch lange nicht beendet. Er tänzelte um den liegenden Robin herum, leckte ihm kurz übers Gesicht, wedelte mit dem Schwanz, kläffte einmal kurz und wollte gerade wieder lossprinten, um sein geliebtes Herrchen zu einem erneuten Sprint herauszufordern.

Doch Robin machte das Gegenteil. Er warf sich halb auf seinen Hund, hielt ihn fest und befahl: »Pssst! Leise, Little John. Wir werden verfolgt.«

Doch dieses Mal verstand Little John nicht. Er wand sich unter Robins Armen, zappelte und versuchte, sich mit aller Gewalt aus der Umklammerung zu befreien. Als ob er seinem Herrchen mitteilen wollte: *Was soll an einer Verfolgung schlecht sein? Das macht doch Spaß!*

Doch Robin blieb eisern. »Hiergeblieben. Und still sein!«

In dem Moment kamen die beiden Polizisten den Weg entlang.

Zu Robins Erleichterung rannten sie nicht, sondern gingen zwar noch schnellen Schrittes, aber immerhin: Sie *gingen* nur.

Dann aber blieben sie stehen und schauten sich um.

Genau in dem Moment zappelte Little John besonders wild.

Doch Robin war darauf vorbereitet. Er hatte in seiner Konzentration nicht nachgelassen, sondern griff nun im Gegenteil noch fester zu, um Little John bei sich zu behalten.

Während Robin den Hund festhielt und die Polizisten beobachtete, erinnerte er sich, dass er genau auf diese Weise Ronja kennengelernt hatte. In wilder Panik war er vor zwei Polizisten in eine Boutique geflohen, was eigentlich eine idiotische Idee gewesen war. Denn dadurch war er in eine Falle gerannt. Doch er hatte Glück im Unglück gehabt. Ronja hatte ihn zu seiner Überraschung nicht verpfiffen, sondern ihn geschützt. Und Little John hatte sich völlig selbstständig aus dem Staub gemacht.

»Weißt du noch?«, flüsterte Robin seinem kleinen Freund jetzt ins Ohr. »Vor der Boutique? Da hast du dich von der Polizei auch nicht erwischen lassen. Also sei auch jetzt bitte ruhig.«

Little John verstand die Worte natürlich nicht, und er wusste auch nichts von Robins Lage und der Verfolgung. Aber Robins Flüsterton beruhigte ihn, und er genoss das zusätzliche Streicheln an seinem Ohr, sodass er nun gemütlich seinen Kopf an Robin schmiegte, sich streicheln ließ und Ruhe gab.

Die Polizisten zogen weiter, jetzt im Tempo eines gemütlichen Spaziergangs. Nach ein paar Metern kam ihnen eine recht verwahrloste Obdachlose entgegen, die durch ihr bizarres Aussehen aber durchaus Aufsehen erregte. Über ihrem Ohr steckte eine zwar knallrote, aber schon arg verwelkte Rosenblüte in den langen, schwarzen und sehr ungepflegten Haaren. Ihr dicker, brauner, verschlissener Wollmantel war für diese Jahreszeit völlig unangemessen.

Robin erkannte sie sofort wieder: Es war Carmen. Sie war die erste Obdachlose, der er nach seiner Flucht aus dem Kinderheim begegnet war. Er hatte ihr vertraut und neben ihr hier im Park die Nacht verbracht. Nur um am nächsten Morgen festzustellen, dass sie mit seinem Rucksack verschwunden war!

Jetzt sprachen die Polizisten sie an. Robin konnte nur hoffen, dass sie ihn nicht gesehen hatte. Denn Carmen würde mit Sicherheit nicht zögern, ihn zu verraten. Allerdings fiel ihm ein: Carmen würde einen solchen Tipp niemals kostenlos preisgeben. Wenn nicht wenigstens ein paar Euro oder eine Flasche Schnaps für sie dabei heraussprangen, würde sie auch nichts sagen. Die Polizisten aber würden ihr garantiert nichts geben. Insofern konnte Robin eigentlich beruhigt sein. Carmen würde ihn doch nicht verraten. Oder?

Er sah, wie Carmen in eine bestimmte Richtung zeigte. Eine ganz andere, in die Robin weder gegangen noch aus der er gekommen war. Robin schmunzelte. Das bedeutete,

Carmen versuchte tatsächlich gerade, die Polizisten übers Ohr zu hauen. Sie tat so, als wüsste sie, wo er steckte, und wollte dafür abkassieren. Typisch Carmen!

Die Polizisten winkten ab und gingen weiter.

Carmen ging leer aus und zog ebenfalls weiter. Allerdings schleuderte sie den Polizisten noch einige unschöne Schimpfworte hinterher.

Und dann kamen Bruder Tuck und Ronja den Weg entlang. Endlich! Am liebsten wäre Robin freudig auf sie zugelaufen. Aber sowohl die Polizisten als auch Carmen waren noch in der Nähe. Deshalb traute er sich nicht. Und blieb in seinem Versteck.

Little John hob aufmerksam den Kopf.

»Jaaaa! Alles gut. Ronja und Bruder Tuck kommen gleich. Bleib schön hier«, versuchte Robin, ihn sofort zu beruhigen.

Bruder Tuck ging auf Carmen zu. Aber er fragte sie bestimmt nicht, ob sie Robin gesehen hatte. Bruder Tuck kannte Carmen nur zu gut und wusste, dass sie eine falsche Schlange war.

Und richtig: Bruder Tuck redete heftig auf Carmen ein und zeigte zum Park hinaus. Mit anderen Worten, er machte ihr soeben klar, dass sie verschwinden sollte!

Wie eben die Polizisten beschimpfte sie jetzt Bruder Tuck. Aber sie trollte sich.

Bruder Tuck und Ronja gingen weiter.

Carmen war zwar eine falsche Schlange und eine Betrügerin, aber sie war nicht doof. Wenn erst die Polizisten nach

Robin fragten und kurz darauf Bruder Tuck auftauchte, konnte sie sich denken, dass Robin sich hier irgendwo versteckt hielt. Robin musste also doppelt vorsichtig sein.

Bruder Tuck und Ronja schienen das auch zu wissen, denn sie gingen weiter und taten so, als gingen sie einfach nur spazieren. Was Carmen natürlich niemals glauben würde. Prompt beobachtete Robin, wie Carmen nur ein paar Schritte weiterging, dann stehen blieb und sich misstrauisch umsah.

Robin war sich sicher, ihr ging es nicht darum, ihn bei der Polizei zu verpfeifen. Sie grübelte wohl eher, wie sie aus der Situation Kapital schlagen konnte, dass Robin von der Polizei gesucht wurde und sich offenbar hier ganz in der Nähe versteckte.

Das war nicht minder gefährlich. Und solange die alte Verräterin dort herumstand und argwöhnisch mit ihren Blicken den Park absuchte, konnte Robin nicht aus seinem Versteck kommen, so gern er jetzt auch auf Ronja und Bruder Tuck zugelaufen wäre. Andererseits würde er Little John nicht mehr lange ruhig halten können.

»Verschwinde, du alte Hexe!«, zischte Robin verärgert. Er sprach es leise vor sich hin, als könnte er dadurch Carmens Willen per Telepathie beeinflussen. Obwohl das natürlich unmöglich war, schien es zu seiner großen Überraschung zu funktionieren. Denn plötzlich drehte Carmen sich wieder weg, schimpfte weiter irgendetwas Unverständliches und verschwand aus Robins Blick.

»Endlich!«, atmete Robin erleichtert auf.

Ronja und Bruder Tuck waren schon ein ganzes Stück weitergezogen, aber sicher nur, um Carmen zu täuschen.

Robin wartete noch ein bisschen ab, so schwer es ihm auch fiel. Zwei, drei Minuten blieb er liegen, auch wenn ihm diese kurze Zeit wie eine Ewigkeit vorkam. Dann entschloss er sich, sein Versteck zu verlassen. Zuerst aber schickte er zum Test, ob die Luft wirklich rein war, Little John vor.

»Such Ronja, Little John!«, befahl er dem Hund. »Wo ist Ronja? Findest du sie? Such Ronja!«

Er ließ den Hund los. Little John sprang auf und wedelte heftig mit dem Schwanz, als ob er sagen wollte: *Was ist das denn für eine Frage? Da hinten geht sie doch!*

»Lauf zu Ronja!«, befahl Robin noch mal.

Little John flitzte los, als hinge sein Leben davon ab. Soooo lange hatte er in Robins Armen still halten müssen. Nun genoss er es, volles Tempo aufzunehmen und im Vollsprint über die Wiese zu düsen.

Robin ließ seinen Blick aus dem Versteck heraus über die Wiese und die Böschungen streifen. Wurde irgendjemand auf den Hund aufmerksam? Kamen etwa die Polizisten oder Carmen zurück?

Nichts davon war der Fall.

Little John hatte Bruder Tuck und Ronja schnell eingeholt. Freudig sprang er an Ronja hoch. Ob sie wieder mit ihm spielen würde?

Ronja empfing den Hund freundlich, ließ es zu, dass er immer wieder an ihr hochsprang, streichelte ihn und schaute sich gleichzeitig möglichst unauffällig im Park um. Dann endlich sah sie, wie Robin aus der Böschung hervorkrabbelte.

»Da ist er!«, rief sie Bruder Tuck zu, der Robin aber auch schon entdeckt hatte.

»Wir müssen weiter, weg von hier«, sagte Bruder Tuck. Mit einer ausladenden Handbewegung zeigte er Robin über die Entfernung an, in welche Richtung er gehen sollte: nicht auf sie zu, sondern in die entgegengesetzte Richtung, tiefer in den Park hinein. Robin verstand, drehte um und ging voran. Ronja, Bruder Tuck und Little John folgten ihm. Sie gingen östlich am Bismarck-Denkmal vorbei, weiter Richtung Norden, zur großen Freude von Little John bis zur Hundewiese Alter Elbpark, die allerdings so klein war, dass Little John sich hier nicht so austoben konnte, wie er es gern getan hätte. Aber immerhin traf er auf eine attraktive Pudeldame, mit der er sich ein wenig vergnügen konnte, während Bruder Tuck sich auf eine der beiden Parkbänke niederließ. Ronja und Robin blieben davor stehen und schauten abwechselnd immer wieder in beide Richtungen den Weg entlang, ob von irgendwoher eine Gefahr drohte.

»Ich habe Bruder Tuck bereits in unseren Plan eingeweiht«, begann Ronja ohne Umschweife. »Und er hat eine Idee.«

Robin schaute erwartungsvoll auf den alten Mann, der als Einziger von den Obdachlosen in kürzester Zeit so etwas wie ein Freund für ihn geworden war.

»Vorher will ich dir noch mal sagen«, begann Bruder Tuck mit seiner unverkennbar rauen, tiefen Stimme, die Robin immer an den Dieselmotor eines alten Fischkutters denken ließ. »Ich war eigentlich der Meinung deines Vaters, dass du ins Heim zurückkehren und dich nicht weiter um die Sache kümmern solltest.« Robin öffnete gerade den Mund, um zu widersprechen. Doch Bruder Tuck sprach weiter: »Aber Ronja hat mir erzählt, dass dieser Ross dich nun auch verfolgt und dich ziemlich sicher verpfeifen würde. Es ist also zu spät für eine Rückkehr.«

Robin schluckte seinen Widerspruch hinunter und nickte nur. Genauso sah er die Sache auch.

»Deshalb helfe ich euch«, sprach Bruder Tuck weiter, allerdings unterbrochen von einem kurzen Hustenanfall, der sich überhaupt nicht gesund anhörte.

»Du solltest mal zu einem Arzt gehen«, schlug Ronja ihm besorgt vor.

Bruder Tuck antwortete mit einem rasselnden Lachen, das nicht viel anders klang als eben sein Hustenanfall. »Der verschreibt mir Medikamente, und die muss ich dann in der Apotheke selbst zahlen, oder zumindest einen Teil davon. Nein, danke, davon kaufe ich mir lieber etwas zu essen.«

»Oder zu trinken«, ergänzte Ronja.

Das empfand Robin schon fast als eine Beleidigung.

Aber Bruder Tuck blieb gelassen und gewohnt ehrlich.

»Ja«, antwortete er. »Ein heißer Tee mit Rum ist mir allemal lieber als ein Hustensaft!«

»Heiße Milch mit Honig wäre gut«, kommentierte Ronja.

Wieder lachte Bruder Tuck. »Ja, für Kinder!«

»Also«, unterbrach Robin. »Können wir zum Thema zurückkommen? Wie willst du uns helfen?«

Bruder Tuck nickte. »Genau. Also: Robin, du hast den Typ doch in der Wohnung deines Vaters direkt von vorn gesehen, als er dich bedroht hat.«

»Ich hab ihn auch gesehen«, ergänzte Ronja. »Ich habe ihn doch mit der Pfanne k. o. geschlagen. Da lag er vor uns.«

»Könnt ihr ihn ganz genau beschreiben?«, fragte Bruder Tuck nach.

»Klar«, antwortete Ronja. »Sogar ein Bild könnten wir organisieren. Ich habe ihn, als er so vor uns lag, durchsucht und seine Kreditkarte fotografiert, aber leider nicht ihn. Doch auf der Webseite für seine angebliche Detektei war ein kleines Foto von ihm. Ich könnte es zu Hause ausdrucken. Da sieht er zwar nicht ganz so aus wie in Wirklichkeit, aber mit unserer zusätzlichen Beschreibung müsste das gehen.«

»Gut.« Bruder Tuck war zufrieden. »Das könnte genügen. Wir werden uns vor dem Haus mit dem toten Briefkasten postieren. Auch wenn dieses Detektivbüro nicht existiert, wird euer Verfolger bestimmt mal dort auftauchen, um irgendwelche Nachrichten aus dem Briefkasten zu holen. Und mithilfe eurer Beschreibung und eures Fotos werden meine Leute ihn sicherlich auch erkennen.«

»Meinst du wirklich?«, fragte Robin skeptisch nach.

Ronja wirkte plötzlich ganz aufgeregt. »Sie wollen eine Obdachlosenwache aufstellen? Wie bei Sherlock Holmes?«, fragte sie.

Robin zog erstaunt die Augenbrauen hoch. »Ja? Stimmt das?«

Bruder Tuck schmunzelte und nickte erneut. »Ja, so ungefähr. Uns ist es ziemlich egal, wo wir herumsitzen«, erläuterte er. »Solange es ein trockenes Plätzchen ist. Ich habe zwei Kumpels, die ich fragen kann, ob sie helfen.«

Erneut war Robin erstaunt. Bisher hatte Bruder Tuck nie etwas von Freunden oder »Kumpels« erzählt. Im Gegenteil: Nachdem Carmen ihn gleich in der ersten Nacht bestohlen hatte, hatte Bruder Tuck ihn eindringlich gewarnt, nicht jedem zu vertrauen, sondern äußerst vorsichtig zu sein.

Deshalb bemerkte er: »Ich wusste nicht, dass du so gute Freunde unter den Obdachlosen hast.«

»Dann ist das doch ein gutes Zeichen, dass die für eine heimliche Observation bestens geeignet sind«, antwortete Bruder Tuck lächelnd. »Hast du dich nie gefragt, wieso ich so gut über dich Bescheid wusste, Robin? Selbst Dinge, die du mir noch gar nicht erzählt hattest?«

»Wow!«, stieß Robin aus. »Du lässt mich beschatten?«

Bruder Tuck winkte ab. »Sagen wir es besser so: Wir Obdachlosen verbringen den ganzen Tag und die Nacht draußen auf der Straße. Da bekommt man so einiges mit, wenn man die Augen und Ohren offen hält.«

Ronja nickte zufrieden: »Wie bei Sherlock Holmes. Hab ich doch gesagt!«

»Okay.« Robin war sehr zufrieden. »Wann geht es los?«

»Ich habe leider kein Handy«, bedauerte Bruder Tuck. »Aber einer meiner beiden Kumpels ist Verkäufer der Obdachlosen-Zeitung. Kannst du dir so eine Zeitung besorgen und heute Nachmittag das Foto an die Redaktion schicken, Ronja? Ich sag meinem Kumpel Bescheid, dass er es dort ausdrucken lässt.«

»Klar. Kein Problem«, antwortete Ronja.

»Gut. Dann geht es heute Nachmittag los«, versprach Bruder Tuck.

LITTLE JOHN NIMMT DIE FÄHRTE AUF

»Jetzt können wir nur warten, bis Bruder Tuck die Spur des Verfolgers aufgenommen hat und uns Bescheid gibt«, sagte Ronja, als sie gemeinsam hinunter Richtung Landungsbrücken gingen. »Komm, ich lade dich zum Eis ein. Gegenüber vom Miniatur Wunderland gibt es ein Eiscafé. Bei der Flussschifferkirche. Da hab ich mal eine Lesung besucht. Das Eis ist gut, und man schaut auf die Elbphilharmonie, die alten Speichergebäude und die Barkassen zur Hafenrundfahrt. Ich find's schön dort.«

»Okay«, stimmte Robin zu. »Dann gehen wir direkt am Wasser entlang. Das mag ich auch gern. Übrigens, hier an den Landungsbrücken hab ich Little John kennengelernt.«

Auch Little John schien sich zu freuen, mal wieder hier zu sein. Jedenfalls sprang er fröhlich voraus. Allerdings hielt er sich auffällig weit vom Wasser fern. Er lief die ganze Zeit auf der von der Elbe abgewandten Seite. Und zwar so deutlich, dass es Ronja direkt auffiel.

»Ich habe ihn hier aus dem Wasser gefischt und ihn vermutlich vorm Ertrinken gerettet«, erzählte Robin. »Seitdem hängt er an mir wie eine Klette. Und er scheint Angst vor der Elbe zu haben.«

»Oh«, sagte Ronja. »Das kann ich gut verstehen.«

Für einen Moment schauten die beiden sich in die Augen, und Ronja ergänzte: »Beides übrigens.«

Robin begriff erst nicht, was sie damit sagen wollte. Dann aber ging ihm ein Licht auf. Sie konnte also nicht nur Little Johns Angst vor dem Wasser nachvollziehen, sondern auch, wie eine Klette an Robin zu hängen. Das hieß, sie mochte Robins Anwesenheit sehr. Als Robin das verstand, errötete er vor Verlegenheit.

»Oh ... Öh ...«, stotterte er unbeholfen.

Ronja bemerkte sofort, dass das Gespräch Robin ein wenig peinlich war, weil er es offenbar nicht gewohnt war, Komplimente zu bekommen und nicht wusste, wie er damit umgehen sollte. Sie kürzte die Situation abrupt ab, indem sie ihm einfach ein Küsschen auf die Wange drückte.

»Kein Grund, rot zu werden«, flachste sie. »Ich mag dich einfach. Fertig.«

»Öh ...«, stotterte Robin erneut. »Ja ... ich ... äh ... mag dich auch.«

Da war Ronja aber schon ein paar Meter weitergehopst. Fröhlich drehte sie sich zu ihm zurück und rief ihm lachend zu: »Ich weiß!«

Robin beließ es dabei. Ronja auch.

Sie zogen weiter. Vorbei am Museums-Segelschiff *Rickmer Rickmers*, an der Überseebrücke und dem Museumsschiff *Cap San Diego* dahinter. Sie blickten auf die Elbphilharmonie, in der Robin noch nie gewesen war und Ronja nur auf der Aussichtsplattform.

»Meine Mutter wollte mit mir mal zu einem Konzert gehen«, erzählte sie. »Aber man bekommt ja nie Karten.«

»Konzert?«, fragte Robin. »Was spielen die denn da? Ich mag Heavy Metal! Wenn ich älter bin, gehe ich bestimmt mal zum Wacken-Festival.«

Ronja hatte schon mal davon gehört, dass in dem kleinen norddeutschen Dorf namens Wacken jährlich ein international berühmtes Heavy-Metal-Festival stattfand, bei dem es aber wohl meistens in Strömen regnete und das gesamte Gelände in eine riesige Matschfläche verwandelt wurde.

»Nein, das gibt es in der Elphi nicht, soweit ich weiß. Wir wollten zu einem klassischen Konzert gehen: Mozart für Kinder«, erklärte sie.

»Mozart?«, wunderte sich Robin. Er dachte kurz nach – und kam zu dem Schluss: »Ich glaube, ich habe noch nie Musik von Mozart gehört.«

»Doch, bestimmt«, entgegnete Ronja. »Das ist ja das Faszinierende: Der ist schon über 230 Jahre tot und wird immer noch von Leuten jeden Alters gehört.«

»Ah, jetzt erinnere ich mich«, behauptete Robin und sang mit tiefer Stimme: »Dadada daa.«

Ronja lachte. »Das ist Beethoven, du Heini!«

Dann zeigte sie nach vorn. »Wir sind da. Dort vorn ist das Eiscafé.«

Sie bestellten sich Eis am Verkaufstresen, setzten sich an einen der Tische vor der Glasfront draußen und blickten über die Elbe, rüber zur Elphi und zum Miniatur Wunderland, auf das Robin jetzt zeigte.

»Da waren wir mal vom Kinderheim aus und auch von der Schule. Das ist toll dort.«

»Ich weiß«, bestätigte Ronja. Ich war auch schon dreimal da.«

Little John bekam einen Napf mit frischem Trinkwasser hingestellt.

»Ich glaube, Little John hat hier unten am Hafen gelebt, bis ich ihn gerettet habe«, sagte Robin. »Ob er sich an alles erinnern kann?«

»Natürlich. Ganz bestimmt«, war Ronja sich sicher.

Sie beide aßen genüsslich ihr Eis, wobei Robin immer wieder auf Little John guckte.

Plötzlich hatte er eine Idee.

Er zog eine kleine Plastiktüte aus seiner Hosentasche, die man eigentlich benutzte, um Lebensmittel einzufrieren. In der Tüte lag ein Zettel, den Robin jetzt mit zwei Fingern herausfischte.

»Was ist das?«, fragte Ronja.

»Die Nachricht meines Vaters«, antwortete Robin.

»In einem Gefrierbeutel?«, wunderte sich Ronja.

»Den hab ich in einer Schublade in eurer Küche gefunden«, erläuterte Robin.

»Schon okay.« Ronja winkte ab. »Aber wozu bewahrst du die Nachricht in einem Gefrierbeutel auf?«

»Um den Geruch zu kon... Wie heißt das: aufbewahren?«

»Konservieren«, half Ronja ihm aus. »Aber ...«

Sie musste ihre Frage nicht noch einmal stellen, denn jetzt sah sie die Antwort.

Robin hielt Little John den Zettel vor die Schnauze und forderte den Hund auf: »Riech, Little John. Kannst du dir den Geruch merken? Dann such! Findest du den Geruch hier irgendwo wieder, Little John? Schnupper und such!«

Ronja vergaß vor Erstaunen glatt, ihr Eis weiterzuessen.

»Du glaubst, Little John kann anhand des Zettels deinen Vater aufspüren?«

Robin zog die Schultern hoch. »Keine Ahnung. Aber einen Versuch ist es wert, finde ich. Macht die Polizei das nicht auch so, wenn die ein vermisstes Kind suchen oder so? Habe ich, glaube ich, mal im Fernsehen gesehen.«

»Mag sein«, räumte Ronja ein. »Aber das sind ausgebildete Polizeihunde. Ich meine ...«

»Was?«, unterbrach Robin sie, indem er sich an den Hund wandte. »Hast du das gehört, Little John? Ronja hält dich für schlechter als so einen blöden Polizeihund! Was sagst du dazu?«

»Wuff!«, antwortete Little John verärgert und brachte damit Ronja und Robin gleichzeitig zum Lachen.

Sofort entschuldigte Ronja sich bei Little John.

Der hatte dafür aber gerade gar keine Zeit. Denn plötzlich bellte Little John noch mal kurz und tippelte mit der Nase am Boden davon.

Robin sah ihm nach. Vor Erstaunen stand ihm der Mund offen.

Auch Ronja glotzte dem Hund ungläubig hinterher, wobei ihr Blick immer wieder kurz zu Robin wechselte.

»Hat der jetzt echt eine Spur aufgenommen?«, fragte Ronja.

»Keine Ahnung«, gab Robin zu. »Es scheint fast so.«

»Ich glaub's nicht!«, stieß Ronja aus.

Robin sprang auf. »Los! Hinterher!«

Seine Glasschale mit dem Eis war noch halb voll, aber das störte ihn nicht. Er brach auf, um Little John zu folgen.

Auch Ronja ließ ihr Eis stehen und lief den beiden hinterher.

Little John blieb tatsächlich alle paar Meter stehen und vergewisserte sich, ob sein Herrchen ihm auch folgte. Dann lief er schnuppernd weiter, wobei er immer wieder im Zickzack von links nach rechts und zurück lief, umkehrte, hier und da noch mal nachschnüffelte und dann wieder weiter vorantippelte.

Mit jedem Schritt wurde Robin aufgeregter. Sollte sein Versuch glücken und Little John tatsächlich seinen Vater wiederfinden?

Doch nach etwa hundert Metern stoppte Little John, lief mit der Nase auf der Straße wie verwirrt hin und her, sah mit beinahe bedauerndem Blick zu Robin und schnüffelte weiter hin und her, lief im Kreis, schaute wieder zu Robin und – schien aufzugeben.

»Er hat die Spur verloren«, sagte Ronja.

»Ich würde eher sagen, die Spur ist hier zu Ende«, korrigierte Robin. »Wenn noch eine da wäre, würde Little John sie auch riechen.«

»Klar«, sagte Ronja. Sie wollte dem Hund nicht unrecht tun. Sie schaute den Weg zurück, den sie gekommen waren. »Das heißt aber, dass eine Spur da war und Little John sie wahrgenommen hat.«

Robin nickte. »Ja, das denke ich auch.«

»Und das ist durchaus eine sehr aufregende Entdeckung«, kommentierte Ronja weiter. »Denn das bedeutet, dass es nicht so lange her ist, dass dein Vater hier war. Oder was meinst du? Solche Spuren hier draußen in der Stadt mit Tausenden Einflüssen an Gerüchen halten sich doch nicht lange. Oder?«

»Das denke ich auch«, stimmte Robin ihr zu. »Vermutlich also hatten wir recht, und mein Vater zieht hier immer noch als Obdachloser durch die Gegend.«

Ronja nickte bedächtig.

Robin schnippte mit den Fingern. »Das bringt mich auf eine Idee. Ich habe ja so einige Treffpunkte der Obdachlosen kennengelernt: die Suppenküche, die Unterkunft beim Pik As, Park Fiction …«

»Park was?«, fragte Ronja.

»Habe ich dir den noch nicht gezeigt?«, fragte Robin. »Das ist ein Park in der Nähe meines Heims und meiner Schule. Also, eigentlich ist es gar kein richtiger Park, sondern er heißt nur so. In Wahrheit eher ein Spielplatz, aber auch nicht so richtig.«

»Was denn nun: Park oder Spielplatz?«, hakte Ronja nach.

Robin zog die Schultern hoch. »Eigentlich eine Mischung aus beidem. Ein paar Grünflächen, Sitzbänke, Basketballkorb, aber alles ziemlich verschmutzt und voll mit Graffiti, und drei komische Kunstpalmen. Jedenfalls ein Treffpunkt für viele aus der Gegend. Auch Jonas und ich sind auf dem Nachhauseweg von der Schule oft dorthin gegangen. Und Obdachlose sitzen da auch häufig.«

»Okay, okay«, brach Ronja Robins Erklärung ab. »Und was ist nun deine Idee?«

»Na, ganz einfach«, antwortete Robin. »Wir gehen die ganzen Treffpunkte ab und lassen Little John nach Spuren schnüffeln. Vielleicht findet er meinen Vater, der sich gerade an einem der Treffpunkte aufhält?«

»Das halte ich zwar für unwahrscheinlich, aber einen Versuch ist es wert«, stimmte Ronja zu. »Also gut. Womit fangen wir an?«

»Suppenküche«, schlug Robin vor.

Ronja schüttelte den Kopf. »Glaube ich nicht.«

Robin zog erstaunt die Augenbrauen hoch. »Wieso nicht?«

»Dein Vater hält sich immer noch eure alte Wohnung«, erläuterte Ronja.

Robin nickte. Ja, sie hatten die Wohnung gefunden, in der er bis zu seinem dritten Lebensjahr mit seinen Eltern gelebt hatte.

»Er zahlt dort immer noch seit neun Jahren die Miete.

Also hat er Geld. Er braucht die Suppenküche nicht, um sich etwas zu essen zu holen. Außerdem sind dort viel zu viele Leute. Und seine Verfolger sind garantiert auch schon öfter auf die Idee gekommen, dort nach ihm zu suchen. Ich glaube nicht, dass dein Vater sich dort blicken lässt. Er ist ja, wie wir inzwischen wissen, kein echter Obdachloser, sondern tarnt sich nur als einer.«

»Wow«, entfuhr es Robin anerkennend. »Nicht schlecht kombiniert, Sherlock!«

Ronja schmunzelte. »Wenn schon, dann bleiben wir lieber bei Ronja Räubertochter. Ist mir lieber, Robin Hood!«

»Also: Was schlägst du als erste Station vor?«, kam Robin auf seine Idee zurück.

»Pik As«, antwortete Ronja. »Ich glaube nämlich nicht, dass dein Vater regelmäßig draußen unter Brücken schläft.«

»Das glaube ich auch nicht«, stimmte Robin zu. Er dachte an die wenigen Nächte, die er draußen verbringen musste. Da hatte er sich gleich ein Auto vor einer Werkstatt gesucht, in dem er warm und trocken hatte schlafen können. »Trotzdem nützt uns das Pik As nichts. Mein Vater wurde dort ja angeblich schon mal gesehen. Also wird es da auch Spuren von ihm geben. Wir wissen dann aber nicht, von wann, wenn Little John anschlägt.«

»Meinst du nicht, dass die Unterkunft regelmäßig gereinigt und desinfiziert wird, allein schon aus Angst vor Ungeziefer oder Infektionen?«, widersprach Ronja.

Robin wusste es nicht. Aber er konnte es sich gut vorstellen.

»Das heißt, wenn Little John dort wirklich Spuren von deinem Vater riecht, dann müssten die eigentlich recht frisch sein.«

Das überzeugte Robin zwar, aber er sah ein weiteres Problem: »Im Pik As sind Hunde eigentlich nicht erlaubt. Nur in Ausnahmefällen. Wenn ich da als Kind mit einem Hund hineinspaziere, werde ich nicht weit kommen.«

»Mist! Du hast recht«, ärgerte sich Ronja. »Also gut, erste Station: Wir gehen zurück zum Park.«

»Park Fiction?«, fragte Robin.

Ronja schüttelte energisch den Kopf. »Nein, der Park, aus dem wir gerade gekommen sind. Als du von der Suppenküche getürmt bist, hast du dich zuerst in dem Park versteckt. Der Park war auch deine erste Station, nachdem du aus dem Kinderheim abgehauen bist. Dort, wo du dieser schrecklichen Carmen das erste Mal begegnet bist.«

»Uhh. Ja!« Robin erinnerte sich nur ungern an diese Begegnung.

»Warum also sollte dein Vater sich nicht auch öfter genau dort verstecken?«, fragte Ronja. »Der Park ist gut geeignet, um sich unsichtbar zu machen.«

»Wieder eine gute Idee!«, lobte Robin.

Und so zogen sie beide los zurück zum Park. Zu Little Johns großer Freude.

Als sie den Park erreichten, belohnte Robin seinen

Hund auch erst einmal mit einem ausgiebigen »Hol das Stöckchen«-Spiel. Erst danach ließ er ihn noch mal an dem Brief seines Vaters schnuppern und forderte ihn erneut auf, die Spur aufzunehmen.

Little John gehorchte und düste schnüffelnd los.

Dieses Mal wurde er tatsächlich fündig. Plötzlich verschwand er in einem der Büsche, nicht weit von dem, in dem sich Robin zwei Stunden zuvor noch vor den Polizisten versteckt hatte. Deshalb glaubte Ronja zunächst, Little John hätte sich geirrt und sich gefreut, eine Spur von seinem Herrchen Robin wiederzufinden.

Doch Robin schloss das aus. »Dann wäre er in den Busch gelaufen, in dem wir beide zusammen vorhin noch gelegen haben.«

Ronja hatte dennoch Zweifel: »Aber er benimmt sich so komisch. Meinst du wirklich, er hat eine Spur deines Vaters gewittert?«

»Er benimmt sich nicht komisch, sondern natürlich«, widersprach Robin. »Er ist eben kein ausgebildeter Spürhund, sondern einfach nur ein Streuner mit einer feinen Nase.«

Robin lief zu Little John, belohnte ihn mit einem Leckerli, das Ronja unterwegs auf dem Weg in die City in einem Supermarkt für ihn gekauft hatte, und wandte sich wieder an Ronja. »Okay. Vertrauen wir Little Johns Nase. Dann war mein Vater vor nicht langer Zeit hier. Das heißt ja wohl, dass er immer noch als Obdachloser getarnt hier in unmittelbarer Nähe lebt.«

Ronja nickte beiläufig, während sie sich umsah. »Vielleicht hat er hier sogar irgendwo ein festes Versteck?«

»Draußen?«, fragte Robin. Das bezweifelte er.

»Eine Höhle vielleicht«, mutmaßte Ronja.

Robin winkte ab. »Ich gebe zu, ich habe nicht lange und nicht viel Erfahrung mit den Obdachlosen gemacht. Aber ich glaube, wenn du dir hier eine Höhle einrichtest, dann dauert es höchstens ein bis zwei Tage, und es kommen andere Obdachlose, die die Höhle entdecken und sie dir streitig machen.«

»Das könnte sein«, räumte Ronja ein. »Und das neun Jahre lang durchhalten, das wäre wohl etwas sehr nervig. Wonach also suchen wir?«

Robin überlegte.

Mit einem Mal flitzte Little John laut bellend los. In rasendem Tempo schoss er über die Wiese.

»Was ist denn mit dem los?«, fragte Ronja. Und beobachtete, ob Little John vielleicht ein Kaninchen oder eine Elster oder eine Krähe oder einen anderen Hund entdeckt hatte. Auch, wenn es für ihn ungewöhnlich gewesen wäre, einem anderen Tier derart aufgeregt und entschlossen nachzusetzen.

Dann entdeckte Robin es. »Sieh nur!«

Rund hundert Meter entfernt, etwa an derselben Stelle des Weges, wo zwei Stunden zuvor Carmen die Polizisten austricksen wollte, stand ein Mann, der wie ein Obdachloser aussah: dunkle, ungepflegte, halblange Haare, ebenso ungepflegter Kräuselbart, abgewetzte grau-braune

Lederjacke und eine sehr zerschlissene Jeans. An den Füßen aber recht neu und teuer wirkende Laufschuhe.

Little John rannte direkt auf ihn zu.

Robin stockte der Atem.

Und auch Ronja musste erst einmal tief durchatmen.

»Meinst du, das ist …?«, wollte sie fragen, aber sie brachte kein Wort mehr heraus.

Der Mann reagierte. Als Little John ihn fast erreicht hatte, hielt der Unbekannte ein Stöckchen in die Luft, das er zuvor hinter seinem Rücken verborgen hatte.

Little John bremste scharf ab und blickte erwartungsvoll auf das Stöckchen, das der Mann jetzt weit von sich warf. Little John hetzte freudig hinterher, während der Mann nun zeigte, weshalb er Laufschuhe trug. Er sprintete in die andere Richtung zur Hauptstraße auf und davon.

»Scheiße, ich glaub, das ist er!«, stieß Robin aus. Und hetzte hinterher.

Ronja und Little John folgten ihm.

Doch als Robin den Park verlassen und die Hauptstraße erreicht hatte, war nichts mehr von dem Mann zu sehen.

»Das gibt es doch nicht!«, hechelte Robin außer Atem, als Ronja und Little John gerade bei ihm ankamen. »Der kann sich doch nicht in Luft aufgelöst haben.«

Er sah zu Little John. »Such, Little John. Such!«

Little John sah ihn etwas verwirrt an und wusste nicht so recht, wen oder was er jetzt suchen sollte. Aber er rannte erst mal los und tat so, als ob er etwas suchen würde.

Da rief Ronja: »Da ist er!«

»Wo?«

»Dort! In dem Taxi!« Ronja zeigte auf ein Taxi, das soeben an einer gerade auf Grün gesprungenen Ampel startete und auf und davon fuhr.

»Verdammt!«, fluchte Robin. »Das war er. Wieso haut er ab?«

Ronja bemerkte, dass Robin bei seinem Fluch Tränen in den Augen standen.

IN DER HÖHLE DES LÖWEN

Robin war bitter enttäuscht, dass ihm sein Vater im letzten Moment doch noch entwischt war, bevor er auch nur ein Wort mit ihm hatte sprechen können. Sein Vater, den er neun Jahre für tot gehalten und nun endlich – lebend! – aufgespürt hatte! Wäre es wirklich so gefährlich gewesen, wenn sein Vater sich wenigstens eine Minute – oder auch nur eine halbe! – Zeit genommen hätte, um ihn, Robin, seinen einzigen Sohn, einmal in die Arme zu nehmen und fest zu drücken?

Robin hatte immer noch tränenfeuchte Augen, als er gemeinsam mit Ronja den Park hinunter und über die Seewartenstraße zum U-Bahnhof Landungsbrücken ging. Ronja hatte vorgeschlagen, zu ihr nach Hause zu fahren, um eine Pause einzulegen. Robin sollte erst einmal mit der Fast-Begegnung mit seinem Vater fertigwerden.

»Ich koche uns lecker Spaghetti«, versprach sie.

Doch Robin sagte nichts. Den ganzen Weg über nicht.

Auch Little John spürte, wie traurig sein Herrchen war.

Redlich bemühte er sich immer wieder, Robin aufzumuntern, indem er an ihm hochsprang, ihm Stöckchen brachte und einmal sogar Männchen machte, was er zuvor noch nie getan hatte.

Doch Robin war nicht aufzumuntern. Niedergeschlagen grübelte er über die verpasste Chance, seinem Vater endlich einmal von Angesicht zu Angesicht zu begegnen.

Kurz dachte er einmal, vielleicht sei es doch gar nicht sein Vater gewesen. Doch diese Möglichkeit zerschlug er gleich wieder. Dann hätte er nicht mit einem vorbereiteten Trick Little John in die Irre geführt und wäre, nachdem Robin ihn entdeckt hatte, nicht sofort weggelaufen und mit einem Taxi geflohen. Mit einem Taxi! Ein Obdachloser! Nein, das musste sein Vater gewesen sein. Ronja hatte recht gehabt. Irgendwie verfügte sein Vater noch über Geld, von dem er lebte und sich nicht nur die alte Wohnung, sondern auch noch Taxifahrten leisten konnte. Taxi! Robin kam gar nicht drüber weg. War es nicht viel auffälliger, als Obdachloser in ein Taxi zu steigen, als einmal kurz seinen Sohn zu begrüßen?

Missmutig kickte Robin einen Stein beiseite, der ein paar Meter weiterrollte – und plötzlich von jemandem zurückgekickt wurde, als Little John dem Stein gerade hinterherhetzen wollte.

Robin und Ronja blickten auf. Vor ihnen stand plötzlich Bruder Tuck.

»Dachte ich es mir doch, dass ich euch hier treffe«, sagte er mit seiner unverkennbaren tiefen Reibeisenstimme.

»Woher wusstest du, dass wir hier …?«, wollte Ronja fragen, doch Bruder Tuck ließ sie nicht ausreden.

»Gib dir keine Mühe«, unterbrach er sie. »Ein paar Geheimnisse muss ich ja auch haben.«

Ronja lächelte zwar, aber allmählich wurde ihr der alte Mann ein wenig unheimlich. »Wenn ich an Zauberei glauben würde, würde ich sagen, du hast magische Kräfte«, gab sie zu.

Bruder Tuck lachte wieder sein rasselndes Lachen. »Du glaubst nicht an Magie? Das solltest du aber!«

Ronja und Robin sahen sich verwundert an. War das jetzt ein Scherz, oder meinte er das ernst? Aus Bruder Tuck wurde man oft nicht schlau.

Er trat auf die Kinder zu und überreichte Robin einen kleinen Zettel. Nicht etwa einen sauberen, kompletten Zettel von einem Notizblock, sondern einen ausgerissenen Fetzen aus einer alten Brottüte, soweit Robin es erkennen konnte. Mit zittriger, kaum lesbarer Bleistiftschrift stand darauf eine Adresse.

Robin blickte auf. »Die Adresse des Detektivs?«

Bruder Tuck nickte.

Robin las die Straße, von der er noch nie gehört hatte. »Wo ist das?«

»Barmbek«, antwortete Bruder Tuck.

»Wo ist Barmbek noch mal genau?«

»Nicht weit von der City Nord, wo ihr den Briefkasten gefunden habt«, erläuterte Bruder Tuck. »Deshalb war es auch sehr leicht, ihm dorthin zu folgen.«

Wieder staunten Ronja und Robin gleichermaßen. Hatte Bruder Tuck vielleicht doch magische Fähigkeiten?

Ronja fragte nach: »Ihr habt vor der Tür mit dem toten Briefkasten auf ihn gelauert?«

»Ein Kumpel von mir, ja«, erklärte Bruder Tuck. »Eure Beschreibung und das Foto waren sehr hilfreich.«

Damit war die entscheidende Frage aber noch nicht beantwortet.

»Woher wusstet ihr denn, dass er von dort zu seiner Wohnung gehen würde und nicht irgendwohin sonst in der Stadt? Und woher wisst ihr, dass dies hier wirklich die Adresse seiner Wohnung ist? Vielleicht hat er ja auch nur jemanden besucht?«

Jetzt erst merkte Robin, dass Ronjas Fragen durchaus berechtigt waren. Er hätte es einfach hingenommen, dass die Adresse stimmte.

Bruder Tuck grinste. »Na, ganz blöd sind wir nicht. Wir haben ihn gewissermaßen gezwungen, in seine Wohnung zurückzukehren.«

»Hä?«, schaltete sich Robin ein. »Wie das denn? Habt ihr den Detektiv etwa überfallen?«

Bruder Tuck wehrte ab.

»Mein Kumpel hat ihn vor der Haustür des toten Briefkastens abgepasst und ihm einen halben Becher Kaffee über Hemd und Hose geschüttet«, berichtete Bruder Tuck. »Ganz unverdächtig. Viele Menschen befürchten ohnehin, dass wir Obdachlosen sie schmutzig machen könnten. Deswegen würden sie nie darauf kommen, dass das

Teil eines Plans sein könnte. Na ja, und mit nassem Hemd und riesigem Kaffeefleck auf der Hose geht man natürlich nicht einfach durch die Stadt oder zu seinem nächsten Termin. Also hat er geflucht, geschimpft und ist eilig nach Hause gelaufen, um sich umzuziehen. Wir brauchten ihm nur zu folgen.«

Ronja und Robin lachten.

»Guter Plan!«, rief Ronja anerkennend. Doch dann wurde sie gleich wieder nachdenklich. »Aber was machen wir nun mit der Adresse?«

Bruder Tuck zog die Augenbrauen hoch, was man in seinem zerfurchten, faltigen Gesicht allerdings kaum wahrnehmen konnte.

»Na, was wohl?«, antwortete er. »Ihr seht euch in der Wohnung um, ob ihr Hinweise findet, wer euren Vater verfolgt und weshalb.«

»Wow!«, stieß Robin aus. »Wir sollen in die Wohnung einbrechen?«

»Ein Einbruch ist für mich, wenn man etwas klaut«, wiegelte Bruder Tuck ab. »Ihr seht euch ja nur um. Außerdem: Der Typ hat doch das Gleiche in der Wohnung deines Vaters gemacht, Robin.«

»Das stimmt«, erinnerte sich Robin.

»Aber wie kommen wir in die Wohnung hinein?«, fragte Ronja. »Bei Robins Vater stand sie durch den Typ zufällig offen, als wir kamen. Doch hier? Wir sind keine Einbrecher, wir können so etwas nicht.«

»Ich bin auch kein Einbrecher«, stellte Bruder Tuck klar.

Bei Robin und Ronja setzte betretenes Schweigen ein. Also hatten sie keine Chance, in die Wohnung zu gelangen. Doch Bruder Tuck war noch nicht fertig.

»Aber ich war früher mal Hausmeister in einem großen Mietshaus«, verriet er. »Da kam es durchaus vor, dass Mieter mal die Tür zuschlugen und ihren Schlüssel innen vergessen hatten. Also, eine Haustür zu öffnen, ist für mich ein Kinderspiel – wenn es nicht gerade eine vielfach verriegelte Sicherheitstür ist. Aber bei der Adresse vermute ich es nicht.«

»Wow«, sagte Ronja wieder. »Irgendwann musst du uns mal mehr von deinem früheren Leben erzählen, Bruder Tuck. Und wieso du jetzt auf der Straße lebst.«

Bruder Tuck lachte wieder rasselnd. »Besser nicht. Sonst träumst du nur schlecht. Also: Wann wollt ihr die Wohnung durchsuchen?«

»Heute Abend«, entfuhr es Robin spontan.

Doch Ronja tippte sich gleich gegen die Stirn. »Bist du verrückt? Wenn das seine Wohnung ist, dann schläft er da. Ich steige doch da nicht ein, wenn er zu Hause ist.«

»Also, jetzt ist er vermutlich gerade nicht da«, teilte Bruder Tuck den Kindern mit. »Er hat sich umgezogen und ist aus dem Haus geeilt. Klar, er war jetzt wohl spät dran.«

»Super!«, freute sich Robin. »Dann lasst uns jetzt gleich dorthin gehen. Okay, Ronja?«

»Okay«, stimmte Ronja zu.

Eine gute halbe Stunde später standen sie vor dem Haus in Barmbek, in dem der Typ wohnte, der hinter Robins Vater her war und deshalb Robin verfolgte. Auf dem Weg hatte Robin über diesen Typen nachgedacht. Ob er derselbe Mann war, der seinen Vater seit neun Jahren suchte? Oder hatten die Verfolger gewechselt? Offenbar gab es einen mächtigen Auftraggeber. Und wieso wurde er, Robin, seit dem Moment verfolgt, in dem er aus dem Kinderheim geflohen war? Möglicherweise hat der Verfolger Robin schon all die Jahre lang im Visier gehabt und auf den Moment gewartet, in dem Robins Vater sich seinem Sohn näherte? Vielleicht hatte sein Vater sich deshalb all die Jahre nicht gemeldet, weil er ahnte, dass seine Verfolger das sofort mitbekommen würden. Doch jetzt hatten sie den »Spieß umgedreht«, wie Ronja immer sagte. Sie verfolgten nun den Verfolger.

»Seid ihr bereit?«, fragte Bruder Tuck vor der Haustür.

Ronja und Robin nickten ihm zu.

»Gut«, sagte Bruder Tuck. »Wir machen es so: Ich gehe allein ins Treppenhaus und öffne die Wohnungstür. Dann komme ich zurück und verziehe mich mit Little John rüber auf die andere Straßenseite. Von dort behalte ich die Haustür im Auge. Ihr flitzt hoch und durchsucht die Wohnung.«

»Okay«, stimmte Robin zu.

Doch Ronja hatte noch eine Frage: »Wie willst du uns warnen, wenn der Typ zurückkommt, während wir noch oben sind?« Sie besaß als Einzige ein Handy. Noch immer hatte sie es nicht geschafft, eines für Robin zu besorgen.

»Ich schicke euch Little John hoch«, schlug Bruder Tuck vor.

Robin und Ronja waren einverstanden.

Bruder Tuck ging ins Haus, während die Kinder mit dem Hund vor der Tür warteten, und kam erstaunlich schnell zurück.

»Hat es nicht geklappt?«, fragte Ronja schon.

»Doch, sicher, wieso sollte es nicht?«, fragte Bruder Tuck zurück.

»Öh … weil …« Ronja schaute auf ihre Uhr. »Es hat keine drei Minuten gedauert.«

»Ich kann nicht mehr so schnell Treppen steigen«, entschuldigte sich Bruder Tuck verschmitzt. »Sonst wäre es noch schneller gegangen. Und ihr solltet jetzt auch keine Zeit verlieren.«

Er wechselte mit Little John die Straßenseite, während Robin und Ronja die Treppe hinaufflitzten. Die geöffnete Wohnung befand sich in der ersten Etage auf der linken Seite. Bruder Tuck hatte die Haustür nur angelehnt.

Robin stieß die Tür langsam auf. Mit Schrecken erinnerte er sich daran, wie sie die alte Wohnung seines Vaters durch die angelehnte Tür betreten hatten und plötzlich der Verfolger aufgetaucht war und sie angegriffen hatte. Er hatte sogar mit einer Waffe auf Robin gezielt. Wenn Ronja in dem Moment nicht mit einer Bratpfanne von hinten gekommen wäre …

»Was ist?«, zischte Ronja ihm zu und riss Robin damit aus seinen düsteren Gedanken. Er hatte gar nicht bemerkt, dass er stehen geblieben war. Nun ging er mit vorsichtigen Schritten voran. Zunächst durch einen sauber gestrichenen Flur mit Parkettboden, von dem etliche Türen abgingen. Sieben Stück inklusive der Wohnungstür, durch die sie gerade gekommen waren, zählte Robin.

Nicht gerade klein, die Wohnung, dachte er bei sich. Und bestimmt entsprechend teuer. Als »Detektiv« ließ Spalter sich offensichtlich gut bezahlen.

Sämtliche Türen waren geschlossen, was in Robin großes Unbehagen auslöste. Hinter jeder einzelnen Tür konnte eine Gefahr lauern.

Er wagte einen weiteren Schritt und öffnete die erste Tür auf der linken Seite. Dahinter verbarg sich eine Toilette mit einem Waschbecken im Raum. Aber keine Dusche oder Badewanne.

»Das ist die Gästetoilette«, flüsterte Ronja ihm zu.

Robin kannte so etwas nur aus Ronjas Haus, wo er zum ersten Mal im Leben eine solche Gästetoilette gesehen hatte.

Ronja ging an ihm vorbei zur nächsten Tür, öffnete sie und gab bekannt: »Schlafzimmer.« Anschließend die Tür gegenüber: »Arbeitszimmer.«

Robin ging bis ans Ende des Flurs, öffnete dort die Tür an der Stirnseite des Flurs und blickte in eine große, modern und teuer eingerichtete Küche mit einem hohen Tresen als Raumteiler, vor dem zwei Barhocker standen.

Ronja blickte ihm über die Schulter. »Arm ist er nicht.«

»Nein«, bestätigte Robin. Eine solch top eingerichtete Wohnung hätte er in diesem Stadtteil mit seinen alten, roten Backsteinbauten nicht vermutet. Sie fanden noch ein vornehm eingerichtetes Wohnzimmer sowie ein Badezimmer vor, das nach Ronjas Aussage aussah wie in einem guten Hotel.

»Ehrlich gesagt, hätte ich mir die Wohnung eines Privatdetektivs anders vorgestellt«, sagte Robin. »In den Realityshows im Fernsehen sind das immer tätowierte Typen, die aussehen, als wären sie gerade aus dem Knast entlassen worden.«

»Stimmt«, kicherte Ronja, wurde aber schnell wieder ernst. »Aber du hast recht. Ich hätte mir einen Privatdetektiv auch anders vorgestellt. Hier sieht es eher aus wie bei einem Angestellten einer gut zahlenden Firma.«

»Was suchen wir denn nun eigentlich genau?«, fragte Robin.

»Gute Frage«, antwortete Ronja. »Ich weiß es auch nicht richtig. Aber wenn dieser Typ deinen Vater wirklich seit Jahren sucht, dann wird er hier doch wohl irgendwelche Hinweise oder Unterlagen haben. Lass uns mal im Arbeitszimmer anfangen.«

Sie gingen zurück in den Raum, in dem ein Schreibtisch mit einem Computer und zwei Monitoren darauf stand. An der linken Wandseite befand sich ein großer Schrank mit wenigen Borden, aber vielen Schubladen und Türen.

Robin begann, sich in den Schubladen umzusehen. Gleich bei der ersten machte er eine erstaunliche Entdeckung. In der Schublade lagen ein paar recht lange Mikrofone und jede Menge Kabel. Er zog die nächste auf: Fotokameras, Camcorder, Teleobjektive. Dritte Schublade. Eine Menge Schachteln und Schächtelchen, in denen … Ja, was war das?

Er fragte Ronja, die am Schreibtisch saß und den Computer anschaltete.

Sie besah sich den Inhalt der Schubladen.

»Sieht aus wie eine Ausrüstung zur Überwachung«, befand sie.

»Und dieses hier?« Robin hielt ihr eines der Schächtelchen hin.

Darin lagen ein paar Elektronikchips und ein paar merkwürdige kleine Dinger.

»Sieht aus wie Hörgeräte für Schwerhörige«, mutmaßte er.

»Oder Wanzen«, sagte Ronja. »Abhörwanzen. Und hier GPS-Sender. Nehme ich an.«

Sie ging zurück an den Computer.

»Was suchst du?«, fragte Robin.

»Wenn der bei seiner Überwachung Fotos gemacht und irgendetwas abgehört hat, dann muss er das ja irgendwo aufbewahren. Bestimmt digitale Fotos und Audiodateien. Das Dumme ist, der Computer ist passwortgeschützt.«

»Okay«, resignierte Robin sofort. »Dann können wir den Computer vergessen.«

»Nicht so schnell«, widersprach Ronja. »Passwörter sind reine Psychologie.«

»Weißt du das auch von deinem Sherlock Dingsbums?«, fragte Robin.

»Sherlock Holmes«, stellte Ronja richtig. »Zu seiner Zeit gab es noch keine Computer und Passwörter. Aber es gab schon Psychologie.«

Sie betrachtete den Computer nun so intensiv, als würde er ihr gleich höchstpersönlich das Passwort preisgeben.

»Computerprogramme schlagen einem oft Passwörter vor, die sehr sicher sind«, erläuterte Ronja. »Allerdings sind die meist so lang und kryptisch, dass sich die kein Mensch merken kann. Wenn man das Passwort übernimmt, weil man es für so schön sicher hält, muss man es sich irgendwo notieren.«

Robin lachte kurz auf. »Was das Passwort dann ja wieder total unsicher macht, wenn man es irgendwo aufschreibt.«

»Genau!«, bestätigte Ronja. Das ist die Psychologie des Menschen, dass er das Passwort dennoch nimmt, weil es ihm empfohlen wurde. Ich könnte mir also vorstellen ...«, fuhr sie leise murmelnd fort, »... dass unser Detektiv ...« Sie griff sich die Tastatur, drehte sie um – und rief: »Na bitte! Da ist es!«

Unter die Tastatur war mit Tesafilm ein kleiner Zettel geklebt, auf dem eine Buchstaben-Zahlenfolge mit zwei Sonderzeichen stand.

Ronja gab diese Zeichenfolge in den Computer ein, was nicht so leicht war, weil sie dazu die Tastatur zum abwechselnden Lesen und Schreiben immer hin- und herdrehen musste.

Aber es klappte: Der Computer startete.

Ronja begann, ihn zu durchsuchen.

Kurz darauf rief sie plötzlich aus: »Oh!«

»Was?« Robin beugte sich über Ronjas Schulter noch weiter vor, um besser sehen zu können, was sie entdeckt hatte.

Ronja klickte auf ein paar PDF-Dateien, die sich nun öffneten.

»Das sind eingescannte Zeitungsartikel«, erläuterte Ronja. »Neun, zehn, teilweise elf Jahre alt. Und weil die offenbar nicht online verfügbar waren, wurden sie eingescannt. Deshalb konnte ich sie zu Hause auf meinem Computer nicht finden.«

»Und?«, fragte Robin. »Was sind das für Artikel?«

Ronja vergrößerte einen und umtanzte mit dem Mauszeiger den Namen des Journalisten, der diesen Artikel geschrieben hatte.

Martin Winkler

stand dort.

Robins Vater!

»Worüber schreibt er?«, fragte Robin. Durch die Vergrößerung war die Überschrift kaum noch lesbar.

Ronja verkleinerte den Artikel wieder, und nun konnte man die Überschrift erkennen:

Seltsame Krankheit bei Zirkustieren

RATTENGIFT

»Kranke Zirkustiere?«, wunderte sich Robin.

Ronja überflog schnell den Artikel.

»Bei einem Wanderzirkus, der hier in Hamburg gastierte, sind wohl ein paar Tiere krank geworden und …« Sie scrollte weiter durch den Artikel, las und berichtete weiter: »… einige von ihnen sind wohl auch verendet.«

»Verendet?«, fragte Robin.

»Gestorben«, übersetzte Ronja.

»Oh«, sagte Robin. »Aber das hilft uns bei unserer Suche bestimmt nicht weiter. Was sollen kranke Zirkustiere mit dem Untertauchen meines Vaters zu tun haben?«

»Keine Ahnung«, gab Ronja zu. »Aber wenn es keinen Zusammenhang gäbe, hätte unser Verfolger den Artikel sicher nicht eingescannt und in seinem Computer gespeichert. Denn der wird kaum ein Fan deines Vaters sein, der alle Artikel sammelt. Ich gehe davon aus, dass alles, was hier von und über deinen Vater gespeichert ist, mit seinem Verschwinden zu tun hat.«

Robin pfiff anerkennend durch die Zähne. Und sagte: »Da ist etwas dran.«

»Deshalb wäre es sinnvoll, alles zu kopieren und zu Hause in Ruhe durchzuarbeiten«, überlegte Ronja laut.

Robin nickte ihr zu. »Gute Idee. Mach doch!«

»Geht nicht«, antwortete Ronja. »Ich habe keinen USB-Stick bei mir.« Sie fluchte, weil sie sich über sich selbst ärgerte. »Wieso habe ich nicht daran gedacht? So etwas Blödes!«

»Kannst du dir die Kopien nicht selbst per E-Mail schicken?«, fragte Robin.

Ronja quiekte auf. »Was? Nein! Dann würde der Computer meine Mail-Adresse speichern, und dieser Arndt Spalter könnte uns leicht auf die Spur kommen und ahnen, dass wir hier eingebrochen sind und an seinem Computer herumgefummelt haben.«

Sie kaute wieder auf ihrer Unterlippe herum und dachte nach.

Robin wusste, jetzt musste man sie kurz in Ruhe lassen.

Schließlich zog Ronja die oberste Schublade des Schreibtisches auf, wühlte darin herum und rief plötzlich begeistert: »Na, wer sagt's denn?« Stolz hielt sie einen USB-Stick in die Höhe. »Ich habe keinen Stick dabei, aber er hat mehrere in seiner Schublade. Wie vermutlich jeder, der zu Hause einen Computer stehen hat«, erklärte sie.

»Genial!«, kommentierte Robin.

Ronja steckte den USB-Stick in den Computer und stellte dabei fest, dass darauf ebenfalls eine Menge Dateien gespeichert waren. Aber die wollte sie sich später anschauen. Zunächst kopierte sie alles von dem Computer auf den Stick, was irgendwie mit Robins Vater zu tun hatte. Es dauerte nur wenige Minuten. Sie nutzte die Wartezeit, um weiter in dem Artikel über die Zirkustiere zu lesen.

»Der kleine Wanderzirkus, in dem die Tiere krank wurden, stand damals in der Nähe der Hafencity«, teilte sie Robin mit.

»Aha«, antwortete Robin wieder nur. »Und?«

»Erinnerst du dich nicht an die Artikel deines Vaters? Sie handelten von einem Fischsterben ein paar Kilometer vor Hamburg. Niemand wusste, warum und woran die Fische gestorben sind. Der letzte Artikel deines Vaters war überschrieben mit: *Fischsterben in der Elbe – Nur die Spitze des Eisbergs?* Dann geschah der Unfall. Und jetzt tauchen plötzlich Zeitungsartikel aus der gleichen Zeit auf, die über kranke und verendete Zirkustiere berichten. Und zwar in der Hafencity, also nicht allzu weit vom Ort des Fischsterbens in jener Zeit. Das ist doch kein Zufall!«

»Woran sind die Zirkustiere denn gestorben?«, fragte Robin.

»Das weiß ich noch nicht. Ich habe den Artikel nur überflogen. Offenbar wurden die Zirkusleute angeklagt wegen Tiermisshandlung oder so. Alles sehr seltsam. Wollen wir nicht mal dorthin fahren und uns umschauen?«, schlug Ronja vor.

»Wieso?«, fragte Robin. »Was sollten wir dort finden? Nach zehn Jahren.«

»Keine Ahnung«, antwortete Ronja. Die Kopien waren

fertig. Sie zog den USB-Stick aus dem Computer und schaltete ihn aus. »Aber Nachschauen kostet nichts. Und wer nicht sucht, der kann auch nichts finden.«

Da Robin auch keine bessere Idee hatte, zuckte er mit den Schultern und sagte: »Okay. Fahren wir. Wohin genau?«

»Ich gebe die Adresse in mein Smartphone ein«, sagte sie und machte es sofort. Dann forderte sie Robin auf: »Gehen wir. Ich denke, mehr werden wir hier nicht finden.«

Auch damit war Robin sehr einverstanden. Sie befanden sich schon viel zu lange in der Wohnung, fand er. Er wollte dem bewaffneten Verfolger kein zweites Mal gegenüberstehen.

Beide sahen sich noch einmal in der Wohnung um, ob sie auch nichts vergessen hatten. Dann verließen sie die Wohnung.

Unten warteten Bruder Tuck und Little John schon ungeduldig. Während Little John freudig an Robin hochsprang, berichteten die Kinder Bruder Tuck, was sie entdeckt hatten und was sie jetzt tun wollten.

Ronja nannte ihm die Adresse, wo zehn Jahre zuvor der kleine Wanderzirkus gastiert hatte.

»Elbpark Entenwerder?«, fragte Bruder Tuck. »Den kenne ich. Das ist eine feine Grünfläche mitten im Hafen, wo man im Sommer gut übernachten kann. Finde ich jedenfalls. Viele kennen den Park gar nicht.«

»Okay«, sagte Robin. »Kommst du mit?«

Doch Bruder Tuck war noch nicht fertig.

»Wartet mal«, bat er. »Ich habe einige Male dort übernachtet. Sogar eine meiner ersten Nächte, die ich draußen verbracht habe, war ich dort. Das war ... Moment mal ...« Er rechnete im Kopf die Jahreszahlen zurück. »Ja, genau. Das war vor zehn Jahren! Ich erinnere mich! Nicht direkt an den Zirkus. Aber da gab es etwas ... Wie war denn das?«

Robin und Ronja schauten Bruder Tuck erwartungsvoll an. Wusste er womöglich etwas, das mit dem Verschwinden von Robins Vater zu tun hatte?

»Fischsterben!«, rief Bruder Tuck plötzlich aus. »Wenn ich mich recht erinnere, dann starben dort in der Norderelbe plötzlich viele Fische. Niemand wusste genau, wieso. Deshalb habe ich – und auch einige andere – dann in der Folgezeit dort nicht mehr übernachtet. Man erzählte sich, dass vielleicht das ganze Gebiet verseucht sei oder so.«

»Ja!«, rief Ronja aufgeregt. »Die Zeitungsartikel deines Vaters! Daran haben Robin und ich eben in der Wohnung auch gedacht. Allerdings dachte ich, das Fischsterben war einige Kilometer vor Hamburg elbaufwärts?«

»Das weiß ich nicht mehr. Aber selbst wenn«, erklärte Bruder Tuck. »Von dort fließt die Elbe ja hierher, durch Hamburg, dann weiter in die Nordsee. Und zwar ins Wattenmeer. Das steht unter Naturschutz. Wenn irgendwelche Gifte bis dorthin fließen, wäre das eine Katastrophe. Ich kann mich allerdings nicht erinnern, ob damals von Gift im Wattenmeer die Rede gewesen ist.«

Robin musste erst ein wenig nachdenken, doch dann erinnerte er sich. Ronja hatte im Zeitungsarchiv Artikel durchforstet, die sein Vater damals geschrieben hatte. Auffällig viele handelten vom Fischsterben, genau dort in der Region von Entenwerder. Robin hatte diese Artikel langweilig gefunden und auch sehr schnell nicht mehr verstanden.

Da war von irgendwelchen Studien die Rede gewesen, von Kalisalzen, mangelndem Sauerstoff, giftigen Algen und zu warmen Sommermonaten. Robin hatte nur noch der Kopf gequalmt, und er hatte nicht die geringste Chance gesehen, mithilfe solcher rund zehn Jahre alten Umweltartikel seinen Vater zu finden. Ronja hatte ein Einsehen gehabt, obwohl sie die Artikel höchst interessant gefunden hatte. Aber dann hatten sie das Lesen der alten Artikel abgebrochen und waren schlafen gegangen.

Später waren sie nur kurz noch mal auf das Thema zurückgekommen.

»*Möglicherweise weiß dein Vater viel, viel mehr, als in den Zeitungsartikeln steht, die wir gefunden haben. Es könnte doch sein, dass dein Vater über brisante Beweise verfügt, wer das Fischsterben verursacht hat. Und diesen Leuten könnte es offenbar an den Kragen gehen, wenn diese Beweise öffentlich werden*«, hatte Ronja damals gemutmaßt. Aber sie selbst waren auf keine weiteren Beweise oder Artikel mehr gestoßen und hatten diese Spur nicht wirklich weiterverfolgt.

Der letzte Artikel, den sie von Robins Vater dazu gefunden hatten, war überschrieben mit: *Fischsterben in der Elbe – Nur die Spitze des Eisbergs?* Dann geschah der Unfall.

Und jetzt sprach Bruder Tuck wieder davon, dass das Gebiet damals möglicherweise total verseucht gewesen war.

»Hat es damals keine genauen Untersuchungen gegeben?«, fragte Ronja nach. »In den Artikeln hatte nur wenig darüber gestanden.«

»Ich glaube eben gerade nicht«, bestätigte Bruder Tuck. »Aber das mit der Verseuchung, das haben nur wir Obdachlosen unter uns vermutet – oder befürchtet. Wir sind dann eine ganze Zeit lang einfach nicht mehr dorthin gegangen. Ich glaube, später haben wir den Ort einfach vergessen, weil wir andere geeignete Stellen gefunden hatten. Ich habe auch nicht weiterverfolgt, was aus der ganzen Sache geworden ist.«

»Wieso nicht?«, hakte Ronja nach.

Bruder Tuck zuckte mit den Schultern. »Wer auf der Straße lebt, hat einfach andere Sorgen: Wo kann ich in der nächsten Nacht schlafen? Woher bekomme ich etwas zu essen? Vielleicht sogar: Wo kann ich mich mal waschen oder duschen? Was ist, wenn ich Schmerzen habe oder krank werde? Zu welchem Arzt kann ich gehen, wenn ich keine Krankenversicherung habe? Solche Dinge.«

Robin nickte. Er hatte zwar zum Glück nur wenige Tage auf der Straße leben müssen, weil er dann schnell Ronja begegnet war, die ihm eine Unterkunft im Gartenhaus bot.

Aber das, was Bruder Tuck gerade erzählte, hatte er auch sofort mitbekommen. Seine Gedanken waren immer nur um die unmittelbar bevorstehenden Fragen gekreist wie: wo schlafen und wo essen?

»Das verstehe ich«, sagte Ronja. »Und außer euch hat wohl nur Robins Vater an eine Verseuchung des Gebiets geglaubt und die Sache weiterverfolgt. Bis zu dem Unfall. Ab dann galt Robins Vater als tot beziehungsweise abgedriftet in die Obdachlosigkeit. Also gut. Nehmen wir die Spur wieder auf, oder? Lasst uns diesen Elbpark Entenwerder doch noch mal anschauen. Einverstanden?«

Robin und auch Bruder Tuck sagten zu. Und so zogen sie zu dritt Richtung Hafen.

So hatte Ronja es sich jedenfalls gedacht. Doch Bruder Tuck winkte ab.

»Geht ihr vor. Wir treffen uns dort«, sagte er. Denn er besaß keine Fahrkarte für die öffentlichen Verkehrsmittel und konnte sich auch keine leisten. Aber das kam für Ronja nicht infrage. Wie selbstverständlich bezahlte sie die Fahrkarten für Robin und Bruder Tuck.

»Das ist zu teuer!«, wehrte sich Bruder Tuck. »Das kann ich nicht annehmen.«

»Mach dir darüber keine Gedanken«, wiegelte Ronja ab. Und Robin nickte Bruder Tuck heimlich zu. Das sollte heißen: *Sie hat recht. Ihre Eltern haben reichlich Geld.*

So fuhren die drei mit der S-Bahn und dem Bus bis Entenwerder Stieg, von wo aus sie noch knapp zehn Minuten Fußweg vor sich hatten. Eigentlich. Der Fußweg dauerte allerdings mehr als doppelt so lang, denn zwischen Bushaltestelle und Elbpark lag eine Hundeauslauffläche direkt an der Elbe. Ein herrlicher breiter Grünstreifen lud zum Austoben ein. Little John konnte nicht widerstehen. Als er die Wiese sah, flitzte er los, jagte erst ein paar Enten hinterher, lief mit anderen Hunden um die Wette, bellte vergnügt, wälzte sich auf dem Rasen und schnüffelte die ganze Umgebung ab.

Es war herrlich, hier in der freien Natur herumzutollen.

Plötzlich aber rannte er bellend zu einer kleinen Böschung. Davor blieb er stehen und bellte weiter, schien sich aber nicht näher heranzutrauen.

»Was hat er?«, fragte Ronja verwundert.

»Irgendetwas hat er entdeckt«, vermutete Robin. »Vielleicht einen Kaninchenbau? Oder Maulwürfe?«

Ronja zeigte mit einer Armbewegung über die gesamte Wiese. »Hier gibt es keinen einzigen Maulwurfshügel«, stellte sie fest.

Robin und Ronja liefen zu Little John, während Bruder Tuck auf dem sandigen Wanderweg stehen blieb.

Als die Kinder bei Little John ankamen, sahen sie ein Kaninchen auf der Böschung hocken.

»Wieso läuft es nicht davon?«, fragte Ronja. »Und wieso rennt Little John erst hierhin, und dann bleibt er vor dem Kaninchen stehen?«

Robin wagte sich näher an das kleine Tier heran. Nun sah er, dass es zwar vor Angst zitterte, aber trotzdem nicht fortlief.

»Ich glaube, es *kann* nicht mehr fliehen«, teilte Robin Ronja mit.

Ronja streichelte Little John, um ihn zu beruhigen, dann wagte sie sich auch etwas näher heran.

»Ich fürchte, es stirbt gerade«, vermutete Ronja. In ihrer Stimme lag eine Mischung aus Trauer und Mitleid.

»Meinst du?«, fragte Robin unsicher nach.

Ronjas Vater war Tierarzt. Außerdem: »Ich habe mal eine Ratte im Garten gesehen, die gerade an Rattengift starb. Das war echt furchtbar. Aber die sah genauso apathisch aus wie dieses Kaninchen.«

»Apa...was?«, fragte Robin.

»Na ja,«, erläuterte Ronja. »Das bedeutet so etwas wie teilnahmslos. Das Tier reagiert auf nichts mehr. Es liegt einfach nur noch im Sterben.«

»Furchtbar!«, fand auch Robin. »Meinst du, hier liegt Rattengift aus, und das Kaninchen hat es gefressen?«

Ronja zuckte mit den Schultern. »Das weiß ich nicht. Normalerweise werden Warnschilder aufgestellt, wenn die Stadt im öffentlichen Gebiet Rattengift auslegt. Damit Hundebesitzer und Eltern von Kleinkindern gewarnt werden. Hast du irgendwo so ein Schild gesehen?«

»Nein. Lass uns vorsichtshalber mit Little John von hier fortgehen«, schlug Robin vor.

Er rief Little John zu sich, dicht bei Fuß zu gehen, führte ihn von der Wiese fort und ging gemeinsam mit Ronja zurück zu Bruder Tuck, der immer noch am Weg wartete.

Ronja erzählte von dem Kaninchen, das sie gerade gesehen hatten, und endete mit der Frage: »Die kranken Zirkustiere damals waren ja auch genau hier. Und das Fischsterben nicht weit entfernt. Meinst du, das Gebiet könnte immer noch irgendwie verseucht sein?«

»Keine Ahnung«, antwortete Bruder Tuck. »Aber mit dem Rattengift habt ihr offenbar recht.« Er zeigte auf ein schlecht sichtbar aufgestelltes, verwittertes Schild mit der Aufschrift »Vorsicht Rattengift«, das Ronja und Robin bisher übersehen hatten. Dann fuhr er fort: »Ich weiß nur, dass der Zirkus seitdem nie wieder hier gastiert hat.«

»Der Zirkus ist nie wieder nach Hamburg gekommen?«, wunderte sich Robin.

»Doch, doch«, stellte Bruder Tuck klar. »Aber nicht hierher nach Entenwerder. Zwei, drei Jahre kam er wohl gar nicht, wenn ich mich recht erinnere. Dann kam er wieder – aber nach Wellingsbüttel. Ich habe dort mal ausgeholfen und mir ein paar Euro dazuverdient. Er kommt übrigens wieder her. Ab morgen sogar, glaube ich.«

»Wirklich?«, fragte Ronja aufgeregt nach. »Meinst du, von damals sind noch welche dabei?«

»Aber klar«, antwortete Bruder Tuck. »Das ist ein Familienbetrieb. Wenn die Familie aufhört, wird es den Zirkus nicht mehr geben. Aber Rico wird den Zirkus am Leben erhalten, solange er kann. Da bin ich sicher.«

»Du kennst den Zirkuschef?«, hakte Ronja nach.

»Wie ich gerade sagte. Ja«, entgegnete Bruder Tuck.

»Können wir den Zirkus morgen aufsuchen?«, fragte Ronja.

»Das könnt ihr gern versuchen. Aber wieso?«, antwortete Bruder Tuck. »Was versprichst du dir davon?«

Ronja kaute auf der Unterlippe herum, nickte bedächtig mit dem Kopf und sagte schließlich: »Ich denke gerade an die Zeitungsartikel, die unser Verfolger gesammelt hat. Ich habe das dumpfe Gefühl, dass diese Wiese hier eine entscheidende Spur ist, um herauszufinden, was Robins Vater möglicherweise entdeckt hat. Und dass vielleicht einige von den Zirkusleuten, die schon vor zehn Jahren hier dabei waren, uns weiterhelfen könnten.«

IM ZIRKUS

Als Ronja Bruder Tuck wegen eines Besuchs beim Zirkus gefragt hatte, hatte er geantwortet: »Das könnt ihr gern versuchen.«

Da war Robin noch gar nicht aufgefallen, dass Bruder Tuck von »ihr« statt von »wir« gesprochen hatte. Erst ein wenig später stellte sich heraus, dass Bruder Tuck nicht mit zum Zirkus kommen wollte.

»Wieso nicht?«, fragte Robin verwundert nach. »Ich denke, du kennst da welche?«

»Ja«, antwortete Bruder Tuck nur.

»Du könntest uns helfen«, versuchte es Robin noch mal.

»Nein!«, behauptete Bruder Tuck entschieden.

Robin und Ronja waren verwirrt.

»Was denn nun?«, setzte Robin nach. »Kennst du da nun welche oder nicht?«

»Ja«, antwortete Bruder Tuck wieder nur einsilbig.

Ronja beließ es nicht dabei. »Was: ja? Willst du nicht mit, *obwohl* du dort welche kennst oder *weil* du dort Leute kennst?«

Robin musste erst mal überlegen, was die Frage bedeutete. Dann begriff er. Ronja vermutete offenbar, dass Bruder Tuck nicht mitwollte, weil er mit bestimmten Leuten beim Zirkus vielleicht mal Ärger gehabt hatte.

Bruder Tuck hatte Ronjas Frage jedenfalls genau so verstanden.

»Ja, ihr habt recht«, gab er nun zu. »Ich habe dort mal eine kurze Zeit gearbeitet und dabei zwar den Direktor ganz gut kennengelernt, aber großen Ärger mit einem anderen Mitarbeiter bekommen. Ich hatte den Verdacht, dass er mir Geld gestohlen hatte, und mich mit ihm geprügelt. Und dann hat sich herausgestellt, dass ich meine Geldbörse nur verloren hatte. Da war es aber schon zu spät für eine Entschuldigung. Er fühlte sich zutiefst beleidigt. Und damit hatte er recht. Ich bin dann gegangen, sonst hätten sie mich eh rausgeworfen.«

»Und der Mann ist noch da?«, fragte Ronja.

»Ich weiß es nicht«, antwortete Bruder Tuck. »Aber es ist gut möglich. Das Ganze ist ein paar Jahre her. Also geht nur allein und wendet euch an den Direktor. Der Zirkus ist ein alter Familienbetrieb. Der Chef von allen heißt Rico. Geht zu ihm.«

Am nächsten Nachmittag, unmittelbar nachdem Ronja aus der Schule kam, machten sich Ronja und Robin auf den Weg. Der Zirkus lag vom Hafen aus gesehen zwar sehr weit draußen, dafür aber nicht sonderlich weit von Ronjas Zuhause entfernt. Während der Fahrt dorthin fiel Robin ein, dass er noch nie in einem Zirkus gewesen war.

»Echt nicht?«, fragte Ronja nach. »Aber in einen Zirkus gehen doch alle Eltern mal mit ihren Kindern.« Erst nachdem sie es ausgesprochen hatte, fiel ihr auf, was ihr da herausgerutscht war. Robin hatte kein Elternhaus. Seine Mutter war ums Leben gekommen und sein Vater verschollen. Also ergänzte sie schnell: »Ich meine, auch vom Heim aus habt ihr niemals einen Zirkus besucht?«

Robin schüttelte den Kopf. »So große Zirkusse wie Roncalli oder Cirque du Soleil sind zu teuer. Und die kleinen lohnen nicht, sagt Fred immer. Da bekommt man weniger geboten als von ganz normalen Straßenkünstlern, die man sich in jeder Einkaufszone anschauen kann.«

»Komischer Typ, dieser Fred«, kommentierte Ronja. »Im Zirkus geht es doch um die gesamte Atmosphäre. Wir haben in der Schule ein Zirkusprojekt. Deshalb haben wir mal mit der ganzen Klasse einen kleinen Zirkus besucht und durften uns auch hinter den Kulissen alles anschauen. Das können wir heute vielleicht auch, wer weiß?«

»Wenn die uns überhaupt zum Direktor vorlassen«, zweifelte Robin. »Dort werden ja sicher ganz viele Kinder sein. Und die würden bestimmt alle gern mal hinter die Kulissen schauen. Warum sollten sie ausgerechnet uns es erlauben?«

Er streichelte Little John, der in der S-Bahn zwischen seinen Füßen hockte, und sprach weiter: »Und auf Bruder Tuck sollten wir uns wohl eher nicht berufen. Außerdem: Ich weiß gar nicht, wie Bruder Tuck wirklich heißt. Vom ersten Moment an, als wir uns trafen, stellte er sich mir als Bruder Tuck vor, weil ich Robin heiße – wie Robin Hood.«

»Ich weiß«, sagte Ronja. »Aber wir schaffen das schon, zum Direktor zu kommen.«

»Wieso bist du dir da so sicher?«

»Na, ganz einfach«, behauptete Ronja. »Weil wir *wir* sind: Ronja Räubertochter und Robin Hood.«

Robin schmunzelte.

Und dann kam auch schon die Station, an der sie aussteigen mussten. Von dort aus hatten sie noch einen Fußweg von knapp zehn Minuten, und dann standen sie vor dem kleinen Zirkus. Robin fand ihn wunderschön und beeindruckend. Das ganze Gelände rund um das Zirkuszelt und sämtliche Wohnwagen waren mit einem rot-goldenen, schön verzierten Zaun abgesperrt. Es gab einen Haupteingang mit einem kleinen Kassenhäuschen, das aber noch geschlossen hatte. Der Eingang war dennoch nicht abgesperrt, man konnte das Gelände einfach so betreten.

Robin hatte immer noch kein Halsband und keine Leine für Little John.

»Bleib bei mir. Schön bei Fuß«, befahl er dem Hund und hoffte, Little John würde sich daran halten.

Ronja und Robin blieben kurz stehen und ließen den Blick über das Gelände schweifen. Sie sahen auf die Wohnwagen, die zu beiden Seiten und, soweit man es von ihrem Standort aus sehen konnte, auch hinter dem Zelt aufgestellt waren. Zwischen einigen Wagen hing Wäsche auf Leinen, die von Wohnwagen zu Wohnwagen aufgespannt waren. Und zwar neben normaler Unterwäsche, Shirts und Hosen auch die glitzernden Kostüme für den Auftritt. Vor einem anderen Wagen jonglierte ein Jugendlicher in Trainingshose und nacktem Oberkörper mit fünf Keulen gleichzeitig. Ein paar Meter weiter hockte ein Mann mittleren Alters auf einem Klappstuhl, rauchte eine Zigarette, schaute dem Jungen zu und rief ihm hin und wieder etwas zu. Sein Trainer, vermutete Robin, oder sein Vater oder beides.

Mit einem Mal kam ein Mann im Clownskostüm auf sie zugewatschelt. Sein Gesicht war aber noch nicht geschminkt, und eine Perücke trug er auch noch nicht. Sein kurzes, schwarzes und kunstvoll gestyltes Haar bildete einen eigenartigen Kontrast zu dem knallbunten Flickenkostüm des Clowns, bei dem ihm sowohl die Schuhe als auch die Hose und die Jacke gut drei Nummern zu groß waren.

»Es ist noch kein Einlass!«, rief er den beiden Kindern zu.

»Wir möchten Direktor Rico sprechen«, bat Ronja.

Der Clown stutzte kurz, wohl, weil Ronja den Namen des Direktors kannte. Andererseits konnte der Name auch nur zufällig erraten sein, weil der Zirkus »Ricobelli« hieß.

»Wer ist *wir?*«, fragte der Clown skeptisch nach. »Wer seid ihr? Wer schickt euch?«

Robin sah Ronja ratlos an. Sollten sie dem Clown jetzt wirklich seine ganze Geschichte und die Suche nach seinem Vater erklären?

Doch Ronja bekam das kurz und knapp hin.

»Es geht um seinen Vater«, begann sie und zeigte auf Robin. »Wir suchen ihn ganz dringend. Und wahrscheinlich kann Herr Rico uns dabei sehr helfen.«

Abermals stutzte der Clown. Einen Moment lang schien er zu überlegen, ob er weiter nachfragen sollte. Doch dann sagte er: »Wartet hier!«

Er drehte um und verschwand links am Zelt vorbei, an den Wohnwagen entlang.

Ronja ließ derweil noch mal den Blick übers Gelände schweifen.

»Siehst du hier irgendwo Tierkäfige?«, fragte sie.

»Nein, wieso?«, fragte Robin zurück.

»Wir sind hier wegen der Zeitungsartikel, in denen von einem seltsamen Tiersterben im Zirkus geschrieben wurde«, erinnerte Ronja ihn. »Also muss es doch Tiere hier im Zirkus geben.« Sie überlegte, ob sie und Robin sich einfach mal genauer umsehen sollten. Doch Robin fand das keine gute Idee.

»Der Clown spricht doch mit dem Direktor, nehme ich an. Und hat gesagt, wir sollen hier warten. Ich glaube, es wäre keine gute Idee, ihn zu verärgern. Denk an die Geschichte von Bruder Tuck. Ich hatte das Gefühl, dass die Leute hier ziemlich schnell beleidigt und nachtragend sind.«

»Vielleicht hast du recht«, räumte Ronja ein.

In dem Moment kam ein älterer Herr auf die Kinder zu. Ronja und Robin bemerkten es erst gar nicht, weil sie auf den Clown warteten. Doch dann stand er plötzlich vor ihnen und fragte: »Ihr wolltet mich sprechen?«

Das sollte der Zirkusdirektor sein? Den hatte Robin sich wahrlich anders vorgestellt. Trug ein Zirkusdirektor nicht einen Frack und einen Zylinder, beides mit Glitzer? Na gut, bei den Vorstellungen vielleicht. Aber auch im Alltag hätte Robin einen Mann in einem feinen Anzug erwartet. Ein Direktor war schließlich ein Direktor. Selbst ihr Schuldirektor trug ja immer Hemd und Jackett.

Direktor Rico aber stand in einer abgeschabten, schlabberigen Cordhose und einem recht schmutzigen, ehemals weißem Feinripp-Unterhemd vor ihnen. Seine Hände waren ölverschmiert. Notdürftig wischte er sie gerade mit einem alten Putzlappen ab.

»Ich habe nicht viel Zeit«, kündigte der Direktor gleich an. »Ich repariere gerade einen unserer Traktoren. Den brauchen wir heute Abend noch.«

Das erklärte natürlich sein Aussehen, dachte Robin bei sich.

»Also, was gibt's?«, drängte Direktor Rico und wandte sich gleich an Robin. »Du suchst deinen Vater, hat Pippo gesagt? Was habe ich damit zu tun? Wer ist denn dein Vater? Soll ich ihn kennen?«

»Vielleicht kennen Sie ihn«, begann Ronja zu erklären. »Sein Vater ist Journalist. Martin Winkler.«

Bei dem Wort *Journalist* verfinsterte sich Ricos Miene sofort. Gleichzeitig schüttelte er den Kopf. »Nie gehört.«

»Er hat damals über das seltsame Tiersterben in Ihrem

Zirkus berichtet, als Sie noch in Entenwerder gastierten«, erläuterte Ronja weiter.

Weiter kam sie nicht. Der Direktor winkte sofort ärgerlich ab.

»Verschwindet! Was kommt ihr hierher mit so einer alten Geschichte! Was soll das? Wer schickt euch? Macht bloß, dass ihr wegkommt.«

Drohend ging er einen Schritt auf die Kinder zu.

Robin und Ronja wichen ängstlich zurück.

Little John bellte ihn an.

Doch Ronja gab nicht auf. »Das ist ein Missverständnis. Sein Vater hat Ihnen geglaubt, dass der Boden in Entenwerder möglicherweise verseucht war. Das haben Sie doch immer behauptet. Aber wie es scheint, hat sich damals niemand darum gekümmert. Außer sein Vater.«

Die Gesichtszüge des Direktors entspannten sich ein wenig.

»Natürlich war der Boden verseucht!«, behauptete er nun erneut. »Was denn sonst? Stattdessen haben sie es uns in die Schuhe geschoben. Wir hatten sogar eine Anzeige am Hals wegen Tiermisshandlung. Eine Unverschämtheit. Als ob wir unseren Tieren etwas antun würden. Wir haben sie geliebt. Jedes einzelne. Glauben die ernsthaft, ich würde einen teuren Tiger oder meine Seehunde einfach so verenden lassen? Die spinnen doch!«

Ronja ließ noch einmal den Blick übers Gelände schweifen.

»Wo sind denn Ihre Tiere?«

Direktor Ricos Miene verzog sich zu einem grimmigen Blick in die Vergangenheit.

»Wir haben keine mehr«, erzählte er mit tiefer, belegter Stimme. »Wie gesagt: Man hat uns die Schuld in die Schuhe geschoben. Dass es am Boden liegt, hat uns niemand geglaubt. Jedenfalls waren mehrere unserer Tiere gestorben oder sehr krank geworden. Und bevor uns ein Gericht zu einer hohen Geldstrafe – oder Schlimmerem – hätte verurteilen können, haben wir uns in einem gerichtlichen Vergleich geeinigt, alle Tiere abzugeben.«

Ronja kräuselte die Stirn und kratzte sich kurz nachdenklich am Kopf. »Na ja, ein Zirkus ohne Tiere ist ja auch nicht das Schlechteste. Denn Tiere sind ja nicht dazu da, für den Menschen Kunststücke aufzuführen.«

Eine grauschwarze Stirnlocke fiel Direktor Rico ins Gesicht, als er sich zu Ronja hinunterbeugte und sie böse anfauchte: »Wir waren immer gut zu unseren Tieren!«

»Ja, ja«, wehrte Ronja ab. »Ich meinte ja bloß.«

Dass es überhaupt nicht natürlich für Tiere war, in engen Käfigen zu leben und in einer Manege bunte Bälle zu jonglieren oder durch Feuerreifen zu springen, sondern ganz im Gegenteil, das wusste Ronja nicht nur von ihrem Vater, der ja Tierarzt war. Trotzdem wechselte sie schnell das Thema.

»Hat denn niemand den Boden untersucht?«, fragte sie.

»Oh doch!«, antwortete Direktor Rico. »Es kamen welche und nahmen Bodenproben. Und siehe da: keine Belastung. Alle Bodenproben waren in Ordnung. Ha! Wer's glaubt!«

»Sie glauben es nicht?«, fragte Robin verwundert nach.

Direktor Rico lachte bitter auf. »Natürlich nicht. Woran sollen unsere Tiere wohl erkrankt sein, hä? Die Proben wurden über Nacht vertauscht. Das sage ich euch! Das habe ich auch damals gesagt. Aber uns hat natürlich niemand geglaubt. Und wir konnten nichts beweisen. Also mussten wir es hinnehmen, unsere Tiere abzugeben. Eine ausgesprochene Sauerei das Ganze. Besonders schlimm war es für Pippo.«

»Der Clown?«, fragte Robin.

Direktor Rico nickte. »Ja, denn sein Hund ist damals auch gestorben. Und dann muss er sich noch sagen lassen, wir selbst seien schuld am Tod der Tiere, weil wir sie angeblich nicht gut behandelt hätten. Eine Schande ist das.«

Ronja und Robin schauten sich betroffen an. Sie konnten sich vorstellen, wie schlimm es für diesen Pippo gewesen sein musste.

»Wir alle haben Pippos Hund geliebt. Er war unser aller Hund, ein richtiges Mitglied unserer Zirkusfamilie. Fips war viel mehr als ein Zirkushund.«

Noch immer schwiegen Ronja und Robin. Sie wussten einfach nicht, was sie zu dieser traurigen Geschichte sagen sollten.

Robin sah betreten auf Little John, der noch immer brav zu seinen Füßen saß. Wie schlimm wäre es, wenn er

Little John nicht mehr hätte! Und dabei waren sie doch noch gar nicht so lange als Gefährten zusammen.

Nur eines war Robin klar: Sein Vater war mit Sicherheit an dieser Geschichte dran gewesen. Und damit fiel ihm doch noch eine Frage ein: »Kennt mein Vater diese Geschichte? Ich meine, war er hier, hat mit Ihnen gesprochen und alles von dem Skandal und Fips' Tod erfahren?«

Direktor Rico zog die Schultern hoch. »Keine Ahnung. Es waren viele Journalisten hier. Aber nur kurz. Und nachdem wir die ganzen Lügen über uns in den Zeitungen gelesen hatten, haben wir mit keinem Journalisten mehr gesprochen. Außerdem haben wir damals unsere Tournee abgebrochen. Wir hatten ja keine Tiere mehr, die aber in jeder zweiten Nummer eine Rolle spielten. Wir haben unsere Sachen gepackt, sind weitergezogen. Und erst fünf Jahre später wieder hergekommen. An diesen neuen Standort. Und jetzt kommt ihr plötzlich und wärmt diese alten Geschichten wieder auf. Seid mir nicht böse, aber wir haben daran kein Interesse. Ich muss wieder zu meinem Traktor.«

»Danke, dass Sie sich die Zeit genommen haben«, sagte Ronja. »Sie haben uns sehr geholfen.«

»Ja«, bestätigte Robin und fragte: »Dürfen wir uns noch ein bisschen umsehen? Ich war noch nie in einem Zirkus.«

Direktor Rico hatte sich eigentlich schon zum Gehen weggedreht. Er wandte sich wieder um und schaute Robin mitleidig an: »Noch nie in einem Zirkus? Wie ist denn so etwas möglich?«

Er stieß einen kurzen grellen Pfiff aus. Von Weitem schaute der Clown um die Ecke.

Der Direktor winkte ihn zu sich.

Pippo, der Clown, kam in seinen großen Schuhen angewatschelt.

»Die Kinder waren noch nie in einem Zirkus«, erläuterte der Direktor.

Da hatte er zwar etwas falsch verstanden, denn Ronja hatte ja schon öfter auch große, bekannte Zirkusse besucht. Aber sie korrigierte ihn nicht.

»Führ sie ein bisschen herum und zeig ihnen alles«, bat der Direktor den Clown. »Und am Ende gib ihnen zwei Freikarten.«

»Danke!«, rief Robin ihm strahlend zu. »Das ist total nett!«

Direktor Rico aber drehte sich um, ging kopfschüttelnd weg und murmelte vor sich hin: »Noch nie in einem Zirkus. Ts, ts. Was ist bloß mit den Leuten los heutzutage?«

Robin hatte Glück. Pippo führte die beiden Kinder ins Zirkuszelt, wo gerade Robins Lieblingsnummer trainiert wurde: Trapezkünstler.

Robin kannte Zirkus nur aus dem Fernsehen. Und selbst dort hatte er erst zwei Aufführungen gesehen, wenn er sich recht erinnerte. Aber beide Male hatten ihn die Trapezkünstler am meisten fasziniert. Und er musste Ronja zustimmen. Auch er fand Tiere in einem Zirkus blöd. Allerdings hatte er sich nie Gedanken darüber gemacht, wie es den Tieren in den Zirkussen wohl erging. Er fand deren Auftritte einfach nur furchtbar langweilig: Pferde mit Federn auf dem Kopf, die immer im Kreis liefen. Seehunde, die mit ihren Flossen klatschten und einen Wasserball auf der Nasenspitze jonglierten. Na toll. Nicht einmal den kleinen Hunden, die wie Flummis durch die Manege sprangen, konnte er etwas abgewinnen. Da lobte er sich Little John, der machte, was er wollte, nicht einmal an der Leine ging und trotzdem immer bei Robin blieb und in der Regel genau verstand, was der ihm sagte.

Jetzt stand Robin mit Ronja und Pippo unten am Rand der Manege, hatte den Kopf in den Nacken gelegt und schaute zu, wie ein Trapezkünstler dem anderen in die Arme sprang. Das Zelt dieses kleinen Zirkus war recht klein. Deshalb turnten die Artisten nicht in solch schwindelerregender Höhe wie die im Fernsehen. Aber hoch genug war es allemal, um Robin zu beeindrucken.

»Für einen dreifachen Salto ist das Zelt nicht groß genug«, erläuterte Pippo. »Er kann nicht genug Schwung holen und nicht hoch genug fliegen, um einen dreifachen zu schaffen. Aber immerhin einen anderthalbfachen.«

»Ich find's irre«, lobte Robin.

Auch Little John schien beeindruckt. Ohne zu bellen oder herumzulaufen, saß er still da und schaute ebenfalls den Artisten zu.

»Einen feinen Hund hast du da«, machte Pippo Robin ein Kompliment.

»Ja, danke«, antwortete Robin. Ohne den Blick von den Artisten abzuwenden, erzählte er dem Clown in Stichworten, wie er Little John aus der Elbe gerettet hatte und sie seitdem ein unzertrennliches Paar waren.

»Wow!«, lobte der Clown. »Du bist ja ein richtiger Held!«

Robin winkte verlegen ab.

»Haben Sie sich keinen neuen Hund zugelegt?«, fragte Ronja.

Pippo schüttelte den Kopf. »Nein. Nach Fips konnte es keinen anderen geben. Er war einzigartig. Wohl so ähnlich wie deiner.«

Robin nickte kurz und sah wieder auf zu den Artisten.

»Ich besuche ihn jedes Mal, wenn wir in Hamburg sind«, erzählte Pippo.

Ronja stutzte. »Wie: besuchen? Ich dachte, Fips wäre ...«

»Ja«, bestätigte Pippo. »Ich besuche sein Grab.«

»Fips hat ein Grab?« Damit hatte Ronja nicht gerechnet.

Auch Robin wandte nun kurz den Blick von den Artisten ab.

»Wo? In Ohlsdorf?« Das war der große Friedhof, auf dem seine Mutter lag und die er hatte besuchen wollen. Nur dadurch hatte Robin überhaupt erfahren, dass sein Vater noch lebte, woraufhin die ganze Sache mit der Suche nach ihm ins Rollen gekommen war.

»Nein, nicht auf einem Friedhof«, antwortete Pippo. »Sondern dort, wo er gestorben ist. In Entenwerder. Ich habe dort heimlich ein Grab für ihn angelegt. Nur ich erkenne es.«

»Wow!«, kommentierte jetzt Ronja. Sie dachte einen Augenblick nach. Dann hatte sie eine Idee und fragte: »Würden Sie uns das Grab mal zeigen?«

DAS HEIMLICHE GRAB

Pippo sagte tatsächlich zu, den Kindern das heimliche Grab seines Hundes zu zeigen. Allerdings hatte er nur am nächsten Tag recht frühmorgens Zeit dazu.

»Kein Problem«, sagte Ronja und machte mit ihm eine Zeit aus. Am nächsten Morgen um neun Uhr wollten sie sich im Entenwerder Park treffen.

»Klasse!«, freute sich Ronja. »Dann gehen wir jetzt. Bis morgen.«

Robin hatte der Verabredung nur staunend und schweigend zugeschaut. Denn er hatte nicht die geringste Ahnung, weshalb er sich das Grab von Pippos totem Hund anschauen sollte. Doch ihm war klar, dass auch Ronja weniger Interesse an dem Grab hatte. Vielmehr folgte sie irgendeinem Plan. Nur dass Robin nicht die Spur einer Vermutung hatte, worin der bestehen könnte. Weil er das aber natürlich gern wissen wollte, erklärte auch er sich bereit, nun zu gehen, obwohl er eigentlich noch sehr gern weiter dem Training der Artisten zugeschaut hätte.

Ronja und Robin verabschiedeten sich nochmals höflich und verließen gemeinsam mit Little John das Zirkusgelände.

Nachdem sie weit genug entfernt waren, fragte Robin direkt nach: »Was sollen wir denn am Grab von Pippos Hund?«

»Das Entscheidende ist, dass Pippo es heimlich angelegt hat und es offenbar immer noch existiert. Denn er besucht es ja regelmäßig.«

»Ja, und?« Robin verstand nicht. Weder, was das heimliche Grab mit der Suche nach seinem Vater, noch, was es mit dem damaligen Tod der Zirkustiere und dem Fischsterben in der Elbe zu tun haben sollte.

»Wenn das Grab heimlich ist, ist es gut versteckt oder getarnt. Niemand weiß davon, und es wurde offenbar in all den Jahren nicht angerührt«, erläuterte Ronja. »Ich habe keine Ahnung, ob in dem Entenwerder Park nicht irgendwann der Boden heimlich saniert oder die Oberfläche einfach mal ausgetauscht wurde oder das Gift sich von selbst abgebaut hat oder was auch immer. Aber wenn das Grab zehn Jahre lang nicht angerührt wurde, kann man von dort vielleicht noch originale Bodenproben von damals entnehmen, wenn man tief genug gräbt. Oder vielleicht könnte man auch bestimmte Substanzen noch am Skelett des Hundes nachweisen. Ich weiß es nicht, aber ich könnte meinen Vater fragen.«

»Moment mal«, antwortete Robin. »Heißt das, du willst das Grab von Pippos Hund ausheben?«

Ronja nickte ihm zu, als hätte sie so etwas Harmloses wie einen Kinobesuch vorgeschlagen. »Ganz genau!«

»Bist du irre?«, fragte Robin entsetzt nach. »Wir können doch nicht ein Grab ausbuddeln!«

»Doch. Wir schließen es ja wieder. Und da das Grab an sich ja schon illegal ist, machen wir uns auch nicht strafbar, wenn wir einfach dort mal etwas Erde ausbuddeln und das Erdloch wieder schließen. So denke ich es mir jedenfalls«, erläuterte Ronja.

»Was wird Pippo dazu sagen?«, wandte Robin ein. »Der wird uns ganz schön was erzählen!«

Ronja schaute Robin unverwandt an, als hätte er gar nichts begriffen. »Wir erzählen doch Pippo nichts davon! Du musst dir morgen früh nur merken, wo sich das Grab befindet. Mehr nicht. Dann gehen wir abends gemeinsam hin und nehmen eine Bodenprobe. Das ist alles.«

Robin stutzte. »Moment mal. Was meinst du mit: *Ich* muss mir merken, wo sich das Grab befindet?«

»Pippo hat nur morgen früh Zeit«, antwortete Ronja. »Da muss ich in die Schule. Ich kann nicht ständig die Schule schwänzen. Du musst dich also allein mit Pippo treffen.«

»Aber ...«, wollte Robin einwenden. Doch dann fiel ihm kein Einwand ein. Ronja hatte ja recht. Wohl war ihm bei der Sache allerdings ganz und gar nicht. Erst recht nicht, dass Ronja mit ihm später das Grab ausgraben wollte, um eine Bodenprobe zu nehmen.

Auch am nächsten Morgen hatte Robin noch einige Bedenken. Vor allem deshalb, weil er nicht so recht daran glaubte, dass ihnen eine Bodenprobe irgendwie weiterhelfen würde, seinen Vater zu finden. Ronja hingegen war fest davon überzeugt, dass sie seinen Vater umso leichter und eher finden würden, je mehr sie über den Fall erfuhren, an dem er zuletzt gearbeitet hatte.

»Je genauer wir wissen, weshalb dein Vater untergetaucht ist und vor wem er sich versteckt, desto größer die Wahrscheinlichkeit nicht nur, dass wir ihn finden, sondern auch, dass dein Vater dann bereit ist, sich mit dir zu treffen«, behauptete sie auch noch mal an diesem Morgen, kurz nachdem sie ihn in seiner Hütte geweckt hatte.

»Wieso das?«, fragte Robin.

»Weil dein Vater ganz offensichtlich immer noch in dieser Sache recherchiert. Ich vermute, erst wenn da einige Hintermänner überführt und verhaftet wurden, kann dein Vater sich unbeschwert mit dir treffen, ohne Angst um dich zu haben. Wer weiß, vielleicht können wir ihm sogar ein bisschen helfen, den Fall aufzuklären«, versuchte Ronja, ihn zu überzeugen.

Aber genau das war der Punkt, der Robin ein wenig zweifeln ließ. Manchmal hatte er das Gefühl, Ronja interessierte sich zwischendurch mehr für den vermeintlichen Umweltskandal als dafür, einfach nur seinen Vater zu finden. Aber er sagte nichts dazu, sondern stand auf und nahm dankend das kleine Frühstück entgegen, das Ronja ihm gebracht hatte.

»Ich muss schnell wieder rüber ins Haus«, teilte Ronja ihm mit. »Ich habe die Gelegenheit genutzt, solange meine Mutter unter der Dusche steht. Bis sie fertig geduscht, geschminkt und angezogen ist, dauert es eine halbe Stunde. So lange hast du Zeit, das Gelände zu verlassen, ohne gesehen zu werden. Ich komme heute um drei Uhr aus der Schule. Dann treffen wir uns wieder hier, okay?«

»Okay«, antwortete Robin.

Ronja verabschiedete sich und verschwand.

Robin öffnete eine Dose Hundefutter für Little John und teilte ihm mit: »Wir müssen uns heute etwas beeilen.«

Aber das war für Little John überhaupt kein Problem. In weniger als fünf Minuten hatte er den Inhalt seines Hundenapfes in sich hineingeschlungen.

In der Zeit zog Robin sich an, dann machte er sich gemeinsam mit Little John auf den Weg. Sein Frühstücksbrot nahm er mit und aß es unterwegs.

Er kam überpünktlich im Entenwerder Park an. Und dachte schon, er wäre zu früh. Doch Pippo wartete bereits. Allerdings hatte Robin ihn gar nicht erkannt. Am Vortag hatte er ihn nur im Clownskostüm gesehen. Erst an der Stimme erkannte Robin den hageren Mann mit dem lichten grauen Haar, der da auf ihn zukam und ihn begrüßte.

Robin hatte ihn deutlich jünger vermutet, als er ihn gestern als Clown gesehen hatte. Nun aber stand ein alter Mann mit verlebtem Gesicht vor ihm, der die sechzig Jahre bestimmt längst überschritten hatte. Little John erkannte ihn natürlich sofort und ließ sich von Pippo gern streicheln.

Pippo fragte, wo Ronja sei. Robin erklärte ihm: »Ronja muss in die Schule. Ich lebe ja zurzeit auf der Straße. Und außerdem habe ich einen Hund. Und deshalb …«

Pippo unterbrach ihn: »Junge, ich bin zwar alt und nur ein einfacher Clown. Aber ich bin nicht blöd. Du bist doch nicht hierhergekommen, nur um Fips' Grab zu sehen.«

Robin fühlte sich ertappt. Darauf war er nicht vorbereitet. Ronja hatte ihm aufgetragen, sich die Stelle des Grabs zu merken. Und jetzt glaubte ihm Pippo nicht!

»Raus mit der Sprache: Weshalb bist du hier?«

»Öh«, stotterte Robin. Was sollte er nur antworten?

Pippo ließ ihn nicht in Ruhe, sondern drängte weiter.

»Ihr führt doch etwas im Schilde! Also? Ich höre!«, forderte Pippo und kam Robin bedrohlich nah.

Little John ging schon in Angriffsstellung und bellte zur Warnung.

Robin wusste keinen Ausweg mehr. Er verriet Pippo Ronjas Idee, das Grab auszubuddeln und eine Bodenprobe zu nehmen.

Pippo wich wieder ein wenig zurück. So weit, dass Little John sich beruhigte.

»Deine Freundin glaubt, dass man nach so vielen Jahren noch etwas von der Verseuchung feststellen könnte?«, fragte Pippo nach.

Robin zuckte mit den Schultern und antwortete ehrlich:

»Ich weiß es nicht. Und Ronja auch nicht. Aber ihr Vater ist Tierarzt. Dem will sie die Probe geben, damit er sie in einem Labor untersuchen lässt.«

Pippo nickte bedächtig. »Schlau, das Mädchen. Auf die Idee wäre ich nicht gekommen. Aber selbst wenn, eine private Laboruntersuchung könnte ich gar nicht bezahlen. Doch ich bin wie unser Chef der Meinung, dass damals die Bodenproben heimlich vertauscht wurden. Wir sollten für Ronja also eine Bodenprobe nehmen.«

»Jetzt?«, fragte Robin verwundert. »Aber wir haben gar keinen Spaten oder so.«

»Hier in der Nähe gibt es einen Spielplatz«, antwortete Pippo. »Gleich da hinten. Ich habe dort damals als Clown immer Werbeprospekte für unseren Zirkus verteilt. Der Spielplatz wurde irgendwann mal modernisiert. Aber wie auf jedem Spielplatz liegen dort bestimmt ein paar vergessene Kinderschaufeln herum. Sonst suchen wir uns flache Steine als Spaten. Und dein kleiner Freund kann auch helfen.«

Er zeigte auf Little John.

Es klappte genau so, wie Pippo vorausgesagt hatte. Robin fand eine recht stabile Kinderschaufel, Pippo einen geeigneten Stein, und Little John begann mit Freuden an der Stelle zu graben, die Pippo ihm zeigte. Sie lag zwei Meter vom Grab seines geliebten Fips entfernt. Denn das wollte er verständlicherweise nicht anrühren.

Sie brauchten gar nicht lange, um ein Loch zu graben, das sie als tief genug für eine Bodenprobe erachteten.

Robin zog eines jener Plastiktütchen aus seiner Tasche, die eigentlich für Little Johns Häufchen gedacht waren, griff bis zum Boden hinunter, kratzte etwas Erde mit der Hand zusammen, steckte sie in die Tüte und knotete sie zu. Dann bedankte er sich bei Pippo. Der wünschte ihm viel Glück bei der weiteren Suche nach seinem Vater.

Anschließend trat Robin mit Little John den langen Fußmarsch zurück bis zum Hafen an. Dorthin, wo er den kleinen Hund einst aus der Elbe gezogen hatte.

Sein tägliches Treffen mit Jonas hatte Robin nicht wahrnehmen können. Das war zeitlich nicht zu schaffen gewesen. Deshalb überlegte er kurz, ob er zur zweiten großen Pause in die Schule gehen sollte. Aber da würde Jonas nicht am Zaun auf ihn warten. Er hätte direkt auf den Schulhof gehen müssen, um Jonas zu suchen. Zu groß war die Gefahr, dass er dann von jemandem gesehen und gemeldet worden wäre. Schließlich wurde er immer noch als einer gesucht, der aus dem Heim abgehauen war.

So ging Robin einfach nur mit Little John im Hafen und im Stadtteil spazieren. Am Mittag holte er sich mal wieder ein Essen aus der Suppenküche und bedauerte, dort nicht auf Bruder Tuck getroffen zu sein. Offenbar hatte der an diesem Tag etwas anderes vor.

Nach dem Mittagessen fuhr Robin wieder »nach Hause«, um pünktlich um drei Uhr bei Ronja anzukommen.

EIN FOTO!

Robin hatte sich die Suche nach seinem Vater erheblich einfacher vorgestellt. Zuerst hatte er ja auch enormes Glück gehabt: erstens die Gewissheit, dass sein Vater tatsächlich noch lebte und sich immer noch hier in Hamburg aufhielt. Zweitens, dass er schon nach wenigen Tagen Ronja kennengelernt und somit eine Unterkunft gefunden hatte. Aber nun gestaltete sich die Suche immer zäher. Statt in der Stadt herumzufragen und intensiv weiter nach seinem Vater zu suchen, hockten sie immer öfter vor Ronjas iPad, mussten »recherchieren«, wie Ronja es nannte, uralte Zeitungen lesen und sich mit irgendwelchen toten Tieren beschäftigen, die vor zehn Jahren gestorben waren. Aber Robin sah ein, dass es wohl keine andere Möglichkeit gab.

Ronja war begeistert, dass Robin vom Treffen mit Pippo gleich eine Bodenprobe mitgebracht hatte, und versprach, sie so schnell wie möglich ihrem Vater zu bringen.

Robin war immer noch skeptisch, ob ihn das seinem Vater wirklich näherbringen würde. Immerhin waren sie ihm neulich doch tatsächlich über den Weg gelaufen!

Aber er hatte sofort die Flucht vor seinem Sohn ergriffen.

Robin spürte immer noch einen schmerzhaften Stich im Herz, wenn er daran dachte. So nahm er seufzend am Küchentisch Platz, auf dem Ronja ihr iPad liegen hatte.

Doch Ronja setzte sich nicht dorthin.

»Wir müssen ins Arbeitszimmer meiner Mutter«, erläuterte sie. »In das iPad kann ich keinen USB-Stick stecken. Das geht nur am Computer meiner Mutter.«

Robin wusste, dass Ronja nicht nur das Passwort ihrer Mutter kannte, sondern auch das Passwort, mit dem ihre Mutter sich ins Netzwerk ihres Verlages einloggen konnte. Beide Passwörter hatte Ronjas Mutter sich innen in die Hülle ihres Smartphones geklebt, weil sie sich keine Passwörter merken konnte. Auf diese Weise hatte Ronja schon einmal die alte Adresse herausgefunden, wo Robin als kleines Kind vor dem tragischen Autounfall gewohnt hatte. Das Arbeitszimmer der Mutter lag auch im Erdgeschoss, eine kleine Kammer eher, gleich neben dem großen Wohnzimmer.

Ronja schaltete den Computer ein, tippte auswendig das Passwort ein, das ihre Mutter sich nicht merken konnte, und steckte den USB-Stick in die Buchse.

»Weiß deine Mutter eigentlich davon, dass du immer ihren Computer benutzt?«, fragte Robin. Er hatte keine Ahnung, wie das Leben mit Eltern war. Im Kinderheim hatten sie überhaupt keinen Computer, an den die Kinder herandurften. Und in seiner Schule hatten sie auch nie mit Computern oder Tablets gearbeitet. Deshalb kannte Robin sich damit auch überhaupt nicht aus, obwohl er sehr gern – wie wohl die meisten Jugendlichen – sowohl ein Handy wie auch einen Computer besessen hätte. Er vermutete, dass viele Kinder in normalen Familien wohl nicht die Computer ihrer Eltern benutzen durften. So war es auch bei Ronja.

»Nein«, antwortete sie auf Robins Frage. »Also, das nehme ich jedenfalls an. Ich habe sie nie gefragt. So konnte sie es auch nicht verbieten.«

Auf dem Schirm wurden eine Menge Dateien aufgelistet.

Robin stöhnte auf. »Die müssen wir jetzt alle ansehen?«

»Zumindest müssen wir alle öffnen«, schlug Ronja vor. »Dann schauen wir erst mal nur auf die Überschriften. Und dann sehen wir weiter.«

Sie öffnete die ersten zehn Dateien, die sich als Fenster auf dem Bildschirm nun übereinanderlegten. Es waren alles eingescannte Zeitungsartikel.

Bei dem achten Fenster, das sich öffnete, stutzte Ronja, bevor sie das neunte Fenster darüberlegte.

»Moment mal!«, stieß sie aus und klickte zurück auf das achte Fenster.

Es erschien ein Artikel, der zunächst mehr oder weniger aussah wie die anderen auch. Nur dass er eine Besonderheit hatte. Oben links auf der Seite gab es ein kleines Porträt-Foto vom Autor des Artikels.

»Wow!«, stieß Ronja aus. Sie klickte auf das Bild, um

es zu vergrößern. Jetzt wurde es zwar etwa pixeliger, war aber immer noch gut zu erkennen.

Robin riss erstaunt die Augen auf. »Ist das etwa ...?«

»Ja«, bestätigte Ronja. »Das ist dein Vater vor zehn Jahren.«

Robin schluckte. Er hatte bisher nicht gewusst, wie sein Vater aussah. Das war eines der großen Probleme bei der Suche nach ihm gewesen. Zwar hatte er ihn einmal im Park stehen sehen. Aber nur von Weitem, weil sein Vater sofort weggelaufen war. Nur an dessen Verhalten hatte Robin erkannt, dass es sein Vater gewesen sein musste. Aber wie er aussah, hatte er auf die Entfernung nicht erkennen können.

Jetzt aber hatte Robin ein Bild von seinem Gesicht. Natürlich hatte es sich in zehn Jahren verändert, aber bestimmt nicht so sehr, dass man ihn nicht erkennen würde, wenn er vor einem stünde.

»Kannst du es ausdrucken?«, fragte Robin.

»Klar«, antwortete Ronja und drückte sogleich die Maustaste. Kurz darauf fing der angeschlossene Farbdrucker unter dem Schreibtisch an zu knattern.

Ronja überreichte ihm das ausgedruckte Foto.

Robin nahm es und betrachtete es lange und innig.

Ronja beobachtete ihn dabei, sagte aber nichts. Sie spürte, dass Robin nun ein paar Minuten für sich brauchte.

Auch Robin sagte nichts. Er betrachtete nur eine Zeit lang intensiv das Bild, dann faltete er den Ausdruck akkurat zusammen und steckte ihn sich in die Hosentasche.

Kommentarlos machte sich Ronja weiter daran, die Zeitungsartikel durchzusehen.

Robin aber stand auf und sagte: »Ich gehe ins Gartenhaus.«

Ronja unterbrach das Lesen und schaute Robin an. Sie wollte ihn gerade fragen, weshalb er jetzt gehen wollte. Doch dann ahnte sie es und sagte nichts weiter als: »Okay.«

Robin ging zur Terrassentür, da rief Ronja ihn noch mal zurück: »Sehen wir uns dann morgen?« Denn sie ahnte, dass Robin an diesem Abend nicht mehr ins Haus zurückkehren würde.

Zur Antwort nickte Robin zaghaft und sagte dünn: »Ja.«

Ronja hatte also richtig getippt: Robin wollte für den Rest des Abends mit sich und dem Bild seines Vaters allein sein. Nur Little John durfte ihn natürlich begleiten.

Ronja schaute auf die Uhr und rief Robin nach: »In circa zwei Stunden kommt meine Mutter. Wenn du noch etwas essen willst, musst du vorher in die Küche kommen.«

»Ist okay«, antwortete Robin. »Ich habe keinen Hunger.«

»Und Little John?«, fragte Ronja.

Robin war eigentlich schon auf dem Weg rüber ins Gartenhaus. Aber jetzt blieb er doch stehen. Klar. Ronja hatte recht. Auf dem Heimweg hatte Ronja wieder einige Dosen Hundefutter gekauft, die noch in einer kleinen Plastiktüte im Flur lagen. Ronja sprang von ihrem Stuhl auf, holte die Tüte und reichte sie Robin. »Du musst die Dosen im Gartenhaus lassen. Meine Mutter darf das Hundefutter auf keinen Fall entdecken.«

»Schon klar«, sagte Robin. »Danke.«

Wieder wollte er gehen.

Wieder hielt Ronja ihn auf. »Warte!«

Sie nahm einen Dosenöffner aus einer Küchenschublade und reichte ihn Robin. »Hier!«

»Danke!« Robin nahm den Dosenöffner entgegen und hielt ihn kurz hoch. »Und wenn deine Mutter …?«

Ronja schüttelte den Kopf und grinste. »Wir essen nichts aus Dosen. Den Dosenöffner habe ich mal gekauft, um heimlich die Nachbarskatzen füttern zu können. Meine Mutter hat bis heute nicht bemerkt, dass wir so etwas haben.«

Robin schenkte ihr ein kurzes Lächeln. »Du bist echt krass. Danke!«

Dann endlich schlurfte er hinüber ins Gartenhäuschen, gab Little John zu fressen, pinnte das Foto seines Vaters über einen hervorstehenden Nagel im Gartenhaus, legte sich aufs Bett und betrachtete das Foto.

Sehr, sehr lange lag er einfach nur so da und starrte auf das Bild, wobei er sich vorstellte, wie seine vergangenen neun Jahre wohl verlaufen wären, wenn es den Autounfall nicht gegeben hätte. Oder noch besser: Wenn sein Vater gar kein Journalist gewesen wäre, sondern ein ganz normaler Angestellter in einer Versicherung oder Bank oder sonst irgendeinem Büro. Oder von ihm aus auch Journalist, aber dann für Sport oder Lokalnachrichten oder den Kulturteil oder irgendetwas anderes Unwichtiges, Langweiliges in der Zeitung. Aber doch nicht irgendeinen Skandal aufdecken, was Robins Mutter das Leben gekostet und ihn selbst ebenso wie Robin in Lebensgefahr gebracht hatte!

Robin richtete sich auf. Konnte das der Grund für seinen Vater gewesen sein, vor ihm wegzulaufen? Hatte sein Vater ein schlechtes Gewissen und Schuldgefühle, weil durch seine Arbeit Robins Mutter ums Leben gekommen war?

Und dann fiel ihm noch etwas ein. In seiner ersten Nacht, in der er aus dem Heim abgehauen war, hatte er sich bei den Obdachlosen umgesehen in der Hoffnung, gleich auf seinen Vater zu treffen. Die Suche war natürlich aussichtslos gewesen, weil er gar nicht gewusst hatte, wie sein Vater aussah. Aber jetzt besaß er ein Foto von ihm!

Robin sprang auf und schaute auf Little John, der längst sein Futter aufgefressen hatte und sich nun aufmerksam aufrichtete. Hatte er etwa das Glück, dass es jetzt noch einmal hinausging in den Garten?

»Wir müssen noch mal in die Stadt, Little John«, sagte Robin entschlossen.

Er nahm das Foto vom Nagel, steckte es wieder behutsam in seine Tasche und öffnete die Tür des Gartenhauses einen Spalt. Ronja sollte und ihre Mutter durfte ihn nicht sehen. Aber unten in der Küche brannte noch Licht. Oben in Ronjas Zimmer nicht. Robin schaute auf die Uhr. Es war schon spät, und Ronja schlief wahrscheinlich schon. »Los! Komm!«, spornte er Little John an. Und verließ das Gartenhaus. Er konnte sich links am Haus vorbeischleichen und dann Richtung Bahnhof.

Da er kein Handy und kein Geld besaß, hatte er auch keinen Account für einen Leihroller oder ein Rad. So musste er den Weg zum U-Bahnhof zu Fuß laufen. Was er aber vermutlich ohnehin getan hätte, denn Little John genoss den abendlichen Spaziergang. Auch eine Fahrkarte konnte er sich nicht kaufen. So stieg er einfach ohne in die Bahn ein und hoffte, dass um diese Zeit am Abend keine Kontrolleure mehr unterwegs waren. Es wäre nicht nur blöd gewesen, sich ohne Fahrschein erwischen zu lassen. Das größte Problem daran wäre: Er wurde ja immer noch gesucht, weil er aus dem Kinderheim abgehauen war. In der Obhut von Ronja vergaß er das manchmal. Aber er musste sich tatsächlich vor jedem Kontrolleur, jedem Polizisten auf der Straße vorsehen, damit er nicht erkannt und zurück ins Kinderheim gebracht wurde.

Obwohl er gar nicht genau wusste, was sie mit ihm machen würden, wenn sie ihn fanden. Einsperren konnten sie ihn nicht. Das Kinderheim war schließlich kein Gefängnis. Und in die Schule hätte er ja dann auch wieder gehen müssen. Für einen persönlichen Aufpasser, der ihm auf Schritt und Tritt folgte, fehlte das Personal. Bernd Ross hätte diese Aufgabe bestimmt gern übernommen, aber eine solche Maßnahme traute Robin dem Heimleiter Fred dann doch nicht zu.

Robin wollte bis zur Station St. Pauli fahren. Dazu musste er am Hauptbahnhof von der U1 in die U3 umsteigen. Wie immer am Hauptbahnhof waren beim Ausstieg die Bahnsteige recht voll, wuselig und unübersichtlich. Da er Little John nicht an der Leine führte, musste er sehr auf ihn aufpassen.

»Bleib immer schön bei Fuß, ja?«, forderte Robin ihn auf.

Und dadurch sah er die große Reihe der Kontrolleure am oberen Ende der Treppe erst, als er schon fast bei ihnen angekommen war.

Verdammt! Sie hatten den gesamten Ausgang abgesperrt. Natürlich gab es am anderen Ende des Bahnsteigs auch noch einen Ausgang, aber der war bestimmt ebenso abgesperrt. Jeder, der jetzt den Bahnsteig verlassen wollte, musste an den Kontrolleuren vorbei.

»Mist!«, fluchte Robin leise vor sich hin.

Er war auf der Treppe stehen geblieben, wodurch er sich schon den Ärger anderer Fahrgäste zuzog, die hinter ihm gingen und sich nun durch das Gedränge umständlich an ihm vorbeizwängen mussten.

»Mensch, geh doch weiter!«, brummte ihn ein junger Mann an. Er trug Kopfhörer und hatte den Blick auf sein Handy gerichtet, wodurch er über Little John stolperte und Robin fast umgestoßen hätte. Durch dieses kurze, unfreiwillige Gerangel wurde schon ein Kontrolleur oben am Ende der Treppe auf Robin aufmerksam. Es war mittlerweile 21 Uhr am Abend. Da fiel ein zwölfjähriger Junge wie Robin ohne Begleitung am Hauptbahnhof ohnehin schon auf. Und nun war er auch noch vor Schreck stehen geblieben.

Der Kontrolleur zeigte von oben auf Robin herab. »Hey, du!«

Robin dachte nicht weiter nach. Sofort drehte er um und rief Little John zu: »Komm, Little John. Weg hier!«

Er rannte die Treppe hinunter. Was gar nicht so leicht war, weil ihm immer noch viele Leute entgegenkamen, zwischen denen er sich nun hindurchdrängen musste. Die vielen Menschen kamen nicht aus der U-Bahn, mit der Robin gekommen war, sondern aus der anderen in die entgegengesetzte Richtung, die soeben eingefahren war.

Robin zwängte sich durch die Massen der Fahrgäste. Immer wieder versuchte er, einen Blick auf Little John zu erhaschen. Doch Little John wich nicht von seiner Seite.

Robin drehte sich hastig um und sah, dass der Kontrolleur nun ebenfalls die Treppe hinunterlief. Verdammt, der ließ es nicht gut sein, sondern war hinter ihm her!

Robin sah nur noch eine Chance zu entkommen. Er musste die eben eingefahrene U-Bahn bekommen und hoffen, dass sie abfuhr, bevor der Kontrolleur sie erreichte.

Schon piepten und blinkten die Lampen an der Bahn, was bedeutete, dass die Türen sich jetzt schlossen. Noch zehn Meter. Robin sprintete, wobei er noch mal laut nach Little John rief.

Dann sprang er in den Waggon hinein.

Die Türen schlossen sich hinter ihm.

Die Bahn setzte sich in Bewegung.

Der Kontrolleur hatte es nicht geschafft. Robin sah ihn durchs Fenster, wie er fluchend seinen Lauf abbrach.

Aber ...

WO IST LITTLE JOHN?

Robin konnte ihn nicht sehen. Weder neben sich noch draußen auf dem Bahnsteig, den sie jetzt verließen, um in den Tunnel hineinzufahren.

»Little John?«, rief Robin laut.

Einige Fahrgäste um ihn herum grinsten. Und einer zischte einem anderen zu: »Die Leute geben ihren Kindern wirklich immer blödere Namen.«

Doch dann tauchte eine kleine Hundeschnauze zwischen den Beinen der stehenden Fahrgäste auf.

»Little John!«, rief Robin erleichtert. »Da bist du ja!«

Robin fuhr eine Station zurück und stieg nun an den Landungsbrücken aus, wo er die Hafentreppen hinaufstieg, um zu dem Park zu gelangen, in dem er seine erste Nacht als obdachloses Kind verbracht hatte. Damals hatte er genau auf dieser Treppe zunächst vor zwei Polizisten fliehen müssen, ähnlich wie eben vor dem Kontrolleur. Dann hatte er die Obdachlose Carmen kennengelernt, die hatte ihn noch in derselben Nacht übers Ohr gehauen und ausgeraubt.

Und tatsächlich: Kaum hatte Robin jetzt den Park erreicht, sah er sie wieder! Genau an jener Stelle am Wegesrand, an die er sich seinerzeit zum Schlafen gelegt hatte. Vermutlich war es einer von Carmens Stammplätzen.

Robin hatte damit gerechnet, ihr hier zu begegnen. Entsprechend war er nicht überrascht. Aber er musste vorsichtig sein. Carmen hatte mittlerweile ja mitbekommen, dass er gesucht wurde, und erst vor Kurzem bewiesen, dass sie jederzeit bereit war, ihn an die Polizei zu verraten. Allerdings nur, wenn die ihrerseits bereit war, ihr etwas dafür zu bezahlen.

Robin huschte sicherheitshalber weiträumig an ihr vorbei. Es war Mitte September, die Sonne bereits um Viertel vor acht untergegangen. Und es war bewölkt, sodass auch das Mondlicht den Park nicht ausleuchtete. Nur weil es in einer Großstadt wie Hamburg durch die Masse an Stadtbeleuchtung nie wirklich ganz dunkel wurde, hatte Robin Carmen überhaupt sehen können. Aber sie hatte ihn bestimmt nicht entdeckt.

Er und Little John zogen also weiter, denn Robin hoffte, hier im Park Bruder Tuck zu treffen. Robin wusste, dass Bruder Tuck seine Plätze zum Schlafen oft wechselte. Dennoch hoffte er, ihn an einem der Orte zu treffen, die Robin bekannt waren.

In den Wintermonaten nutzte Bruder Tuck meist irgendwelche Obdachlosenunterkünfte. Manchmal sogar extra von der Stadt aufgebaute Zelte, damit die Obdachlosen in den sehr kalten Monaten nicht auf der Straße erfroren. Aber solange das Wetter hielt wie jetzt in den Spätsommerwochen, zog Bruder Tuck es vor, draußen »an der frischen Luft« zu übernachten, wie er gern sagte. Robin wusste nicht, ob es nicht nur eine Ausrede war, mit der Bruder Tuck sich seine Situation selbst schönredete. Robin jedenfalls hatte die wenigen Nächte, die er draußen ohne Unterkunft hatte verbringen müssen, als ganz furchtbar empfunden. Jeden Morgen dankte er in Gedanken Ronja dafür, dass sie ihm das Gartenhaus als komfortable Unterkunft gewährte.

An diesem Abend hatte Robin Glück. Nach nur zehn Minuten, die er den Park absuchte, entdeckte er Bruder Tuck, der es sich allein unter einem großen Baum »gemütlich« gemacht hatte. Soweit man von gemütlich sprechen konnte, wenn man im Park schlafen musste. Den Boden hatte Bruder Tuck zunächst mit einer Folie ausgelegt, wie man sie eigentlich nur aus Erste-Hilfe-Kästen kannte, darauf zwei große Kartonpappen ausgelegt, auf denen wiederum sein Schlafsack ausgebreitet lag, der allerdings so aussah, als wäre er mindestens doppelt so alt wie Bruder Tuck selbst, den Robin wiederum auf mindestens sechzig oder siebzig Jahre schätzte. Vielleicht war er aber auch erst fünfzig und wirkte nur zwanzig Jahre älter, hatte Ronja mal vermutet.

Über sich hatte Bruder Tuck zwischen einigen Ästen des Baums eine alte, zum Teil eingerissene Plastikfolie als Dach gespannt. Wie es schien, rechnete Bruder Tuck in dieser Nacht noch mit Regen. Er hatte sich noch nicht schlafen gelegt, sondern saß auf seinem Schlafsack und trank etwas aus einem Pappbecher. Vor ihm flackerten zwei Kerzen in roten Plastikbechern. Grablichter nannte man die, wusste Robin.

Zuerst war Little John bei Bruder Tuck.

Als Bruder Tuck den Hund auf sich zulaufen sah, schreckte er hoch, sah nun auch Robin und fragte sofort: »Du meine Güte! Was ist passiert? Bist du bei Ronja rausgeflogen?«

Robin blieb stehen, verblüfft über Bruder Tucks Frage, obwohl er noch einige Meter entfernt war: »Was? Wieso? Nein!«

»Gut«, kommentierte Bruder Tuck sichtbar erleichtert. »Aber wieso bist du dann hier, um diese Zeit, und allein?«

Robin ging nun ganz auf Bruder Tuck zu und setzte sich neben ihn.

»Genau darum«, antwortete er. »Ronja kann um diese Zeit nicht das Haus verlassen, ohne dass es ihrer Mutter auffallen würde.«

Bruder Tuck nickte und reichte Robin seinen Becher. »Durst?«

Robin verzog das Gesicht. »Alkohol?«

»Quatsch«, kommentierte Bruder Tuck. »Würde ich dir Dreikäsehoch das sonst anbieten? Das ist Eistee. Frisch aus dem Kühlschrank vom Supermarkt.«

Das Wort *Dreikäsehoch* hatte Robin noch nie gehört. So hatte man früher wohl scherzhaft Kinder bezeichnet.

»Eistee klingt lecker.«

»Eben!«, sagte Bruder Tuck. Er griff in eine seiner Plastiktüten, zog eine Flasche stilles Wasser und eine leere, gebrauchte Tupperdose hervor und goss Little John etwas zu trinken ein, der sich sofort gierig darüber hermachte. »Und weshalb bist du allein spätabends abgehauen?«

Robin trank einen Schluck von dem wirklich noch erfrischend kalten Eistee und gab mit der einen Hand den Becher zurück, während er sich mit der anderen den Mund trocken wischte. Dann zog er das ausgedruckte Foto seines Vaters aus der Hosentasche, entfaltete es und zeigte es Bruder Tuck.

»Ich hab ein Foto von meinem Vater gefunden. Hast du ihn schon mal gesehen?«

Bruder Tuck nahm eine der beiden Kerzen zur Hand, um das Foto einigermaßen auszuleuchten. Dann kniff er die Augen zusammen, um es etwas besser erkennen zu können.

»Scheißdunkel hier«, murmelte er.

Robin nahm die andere Kerze und hielt sie zusätzlich übers Foto.

»Besser?«

»Ja.«

Bruder Tuck betrachtete das Foto sehr genau.

»Das Foto ist schon zehn Jahre alt«, erläuterte Robin.

Bruder Tuck nickte und brummte dabei leise vor sich hin. Schließlich hob er den Kopf. Er schien über seine Erkenntnis selbst erstaunt zu sein. »Den habe ich tatsächlich gesehen.«

»WAS?« Robin sprang auf, ohne darauf zu achten, dass

etwas vom flüssigen Kerzenwachs über Bruder Tucks Schlafsack tröpfelte. »Echt jetzt?«

»Hey! Hey!«, rief Bruder Tuck. »Pass auf mit der Kerze in deiner Hand! Setz dich wieder, meine Güte!«

»Aber ...!«, rief Robin aufgeregt. Es fiel ihm schwer, sich wieder ruhig neben seinen Freund zu setzen. »Wann? Wo?«

Auch Little John war aufgesprungen, weil er dachte, es ginge zu einer Nachtwanderung. Als Robin und Little John sich dann aber doch wieder gesetzt hatten, sprach Bruder Tuck weiter: »Es ist gar nicht so lange her. Ein oder zwei Wochen vielleicht.«

»WAS?«, brauste Robin wieder auf.

»Setz dich!«, fuhr Bruder Tuck ihn an.

»Wo?«, fragte Robin.

»In dem Entenwerder Park, in dem wir gestern waren«, antwortete Bruder Tuck. »Ich bin da selten. Aber vor – wann war denn das? –, ja, vor knapp zwei Wochen, da habe ich dort im Park geschlafen. Nachts geisterte ein Typ mit Taschenlampe dort herum. Versehentlich hat er mir plötzlich ins Gesicht geleuchtet. Ich habe ihn natürlich fortgejagt. Aber das könnte dein Vater gewesen sein. Obwohl ich ihn nur kurz im Dunkeln gesehen habe und dein Foto schon sehr alt ist.«

»Du hast meinen Vater fortgejagt?«, empörte sich Robin.

Bruder Tuck hob abwehrend die Hände. »Woher hätte ich wissen sollen, dass er dein Vater ist?« Es folgte ein leichter Hustenanfall, der sich furchtbar anhörte. Dann sprach er weiter. »Ich bin mir auch jetzt nicht sicher. Ich kann mich täuschen.«

»Okay«, sagte Robin zwar. Aber aus seinem Tonfall war herauszuhören, dass er nicht zufrieden mit der Antwort war.

»Hör mal, Kleiner«, fuhr Bruder Tuck deshalb fort. »Das Leben auf der Straße ist nicht ungefährlich. Du selbst bist gleich in deiner ersten Nacht ausgeraubt worden. Nur sind nicht alle so harmlose Diebe wie Carmen. Es gibt auch eine Menge Typen da draußen, die verabscheuen uns Obdachlose. Von einzelnen Idioten bis hin zu äußerst gefährlichen und organisierten Schlägertruppen, die uns auflauern, jagen, halb tot schlagen und …«

»Was?«, schreckte Robin auf. »Halb tot …?«

»Ja, das ist leider bittere Realität. Hast du mal Tomaten-Toddy kennengelernt?«

Robin schüttelte heftig den Kopf. »Tomaten-Toddy? Was ist das denn für ein Name!«

Bruder Tuck röchelte einen kurzen Lacher heraus. »Na ja, er war vernarrt in Tomaten. Billig und gesund, hat er immer gesagt. Morgens hat er Tomaten auf Weißbrot gegessen, ständig Tomatensaft getrunken. Und in der Suppenküche tauchte er nur auf, wenn es etwas mit Tomaten gab.«

»Lebt er nicht mehr?«, fragte Robin zaghaft. Ihm war aufgefallen, dass Bruder Tuck in der Vergangenheitsform von ihm sprach.

»Doch!«, antwortete Bruder Tuck. »Er liegt im St.-Georg-Krankenhaus. Am Jungfernstieg haben sie ihn zusammengeschlagen. Armer Toddy. Aber er kommt wohl wieder auf die Beine, habe ich gehört.«

»Das tut mir leid«, sagte Robin.

»Was ich dir sagen will: Es ist gefährlich, draußen zu leben. Man muss die Augen offen halten. Na, und wenn da plötzlich einer nachts mit Taschenlampe herumschleicht ...«, erläuterte Bruder Tuck.

Robin verstand. Aber er war sich sicher, dass es sein Vater war, dem Bruder Tuck da nachts begegnet war.

»Bestimmt hat er etwas gesucht«, mutmaßte Robin. »Das ist doch kein Zufall, dass er mit der Taschenlampe genau im Entenwerder Park unterwegs war. Genau dort, wohin uns seine Spur geführt hat und wo ich noch heute Morgen eine Bodenprobe genommen habe. Können wir nicht dort übernachten? Vielleicht treffen wir ihn ja!«

»Was? Jetzt?« Bruder Tuck winkte ab. »Hast du die Nachricht deines Vaters vergessen? Er will nicht, dass du seiner Spur folgst. Er wird sich melden, wenn die Gefahr vorüber ist.«

»Das hatten wir doch schon besprochen«, widersprach Robin. »Die Gefahr – welche auch immer – ist vielleicht nie vorüber. Ich will aber meinen Vater treffen und ihn kennenlernen.«

»Du bist eine echte Nervensäge. Weißt du das?«, brummte Bruder Tuck.

»Ja«, antwortete Robin.

Bruder Tuck stöhnte, röchelte, hustete und sagte dann: »Oh Mann, verdammt. Also los.«

EXPLOSION IN DER NACHT

Nach fast eineinhalb Stunden Fußweg erreichten sie endlich den Entenwerder Park. Robin allein hätte den Weg vermutlich in weniger als einer Stunde geschafft, aber Bruder Tuck war wirklich nicht mehr gut zu Fuß. Zweimal hatten sie unterwegs sogar eine kurze Pause einlegen müssen, weil Bruder Tuck sich ausruhen und etwas trinken musste. Zudem hatte er seine gesamten Habseligkeiten dabei, die in insgesamt vier großen Warenhaustüten verpackt waren. In eine hatte er seinen Schlafsack und seine Folien gestopft. Robin half ihm und trug seine Pappen und eine der vier Tüten.

Bei der zweiten Pause fragte Bruder Tuck Robin: »Sag mal, wo ist eigentlich dein Schlafzeug?«

»Öh«, lautete Robins Antwort.

Bruder Tuck konnte es nicht glauben. »Du bist von Ronja abgehauen, ohne Schlafzeug mitzunehmen? Wie wolltest du denn mitten in der Nacht wieder raus nach Poppenbüttel und ins Haus ihrer Mutter gelangen?«

»Öh«, sagte Robin wieder nur. Er hatte sich über all das keine Gedanken gemacht. Er hatte einzig und allein an das Foto in seiner Tasche gedacht und sich an die Hoffnung geklammert, dass Bruder Tuck oder vielleicht ein anderer der Obdachlosen, die er kannte, sich an seinen Vater erinnern würde. Und so hatte er ähnlich Hals über Kopf Ronjas Haus verlassen, wie er damals auch aus dem Kinderheim getürmt war.

Bruder Tuck schüttelte fassungslos den Kopf. »Du bist viel zu unbesonnen«, meckerte er.

Wieder so ein Wort, das Robin zuvor noch nie gehört hatte: *unbesonnen*. Das war wohl nichts Gutes.

»Wenn wir im Entenwerder Park übernachten wollen, wo willst du denn schlafen?«, fragte Bruder Tuck noch mal nach.

»Ach, das klappt schon irgendwie«, behauptete Robin. »Ich komm schon klar.«

»Nee«, widersprach Bruder Tuck. »Kommst du nicht! Du nimmst meinen Schlafsack.«

»Nein!«, wehrte Robin ab. »Und du?«

»*Ich* komme schon klar«, versicherte Bruder Tuck ihm.

Endlich hatten sie den Park erreicht. Es ging bereits auf Mitternacht zu. Im Park war es stockfinster, doch der Himmel hatte sich aufgeklart, und so spendete der Mond immerhin genügend Licht, dass die Wiese, das Elbufer und die Baumallee, die die Wiese säumte, gut erkennbar waren. Ebenso, dass der Park bis hin zum Fußballplatz und zum Beachvolleyballplatz menschenleer schien. Der nahe gelegene Kunstpavillon hatte ebenso geschlossen wie das Restaurant, das sich ein wenig weiter entfernt befand. Auch der Parkplatz am Anfang des Parks war leer.

Bruder Tuck zeigte auf eine Stelle, die er für geeignet zum Übernachten hielt und von der aus man die gesamte Parkwiese gut im Blick hatte.

Little John erschnüffelte noch die Umgebung, während Bruder Tuck und Robin die Tüten ablegten – als ein gewaltiger Knall sie zusammenschrecken ließ.

»Was war das denn?«, fragte Robin unsicher. Noch immer hielt er den Kopf eingezogen.

»Verdammt noch eins!«, brummte Bruder Tuck. »Das weiß ich auch nicht.«

»Kam das vom Hafen?«, fragte Robin hoffnungsvoll nach. Obwohl er nicht hätte sagen können, was dort einen solchen Knall erzeugen sollte. Aber es hätte ihn enorm beruhigt, wenn der Knall von irgendwelchen Hafenarbeiten gekommen wäre.

»Also, wenn, dann ist da gerade gehörig etwas in die Luft geflogen!«, entgegnete Bruder Tuck. »Denn das war eindeutig eine Explosion!«

So hatte es sich für Robin auch angehört. Aber das wollte er lieber nicht wahrhaben.

Auch ein Feuerwerk war nirgends zu sehen. Doch dazu war der Knall sowieso zu laut gewesen.

Plötzlich sahen sie in nicht allzu großer Ferne einen flackernden Lichtschein.

»Dahinten brennt etwas!«, rief Robin aufgeregt.

Bruder Tuck ging ein paar Schritte weiter zur Mitte der Wiese, damit ihm die Bäume nicht die Sicht versperrten, und stimmte Robin zu.

»Das könnte das Restaurant sein«, rätselte er. »Vielleicht ist da eine Gasflasche in der Küche in die Luft geflogen.« Er grübelte noch etwas, dann fügte er an: »Ich dachte zwar, die haben heute geschlossen. Aber keine Ahnung. Ich war seit zwanzig Jahren nicht mehr in einem Restaurant.«

»Wollen wir hin und nachsehen?«, fragte Robin.

»Wozu?«, fragte Bruder Tuck zurück. »Es gibt nichts Schlimmeres bei Unfällen als die Glotzer, die den Rettungskräften im Weg herumstehen.«

»Vielleicht war es ja gar kein Unfall«, sagte Robin leise.

Plötzlich war Little John bei ihm und schmiegte sich zitternd an sein Bein. Auch er hatte sich durch den enormen Knall zu Tode erschrocken.

Bruder Tuck wandte sich an Robin. »Was meinst du damit: kein Unfall? Was denn sonst?«

Robin hatte so seine Erfahrungen gemacht. Wenn der Unfall damals ein Anschlag gewesen war, warum sollte es bei diesem Knall nicht wieder so sein? Eine Explosion ausgerechnet dort, wo Bruder Tuck Robins Vater gesehen hatte?

Robin wünschte, Ronja wäre jetzt bei ihm. Sie würde bestimmt auch sofort etwas anderes vermuten als einen zufälligen Unfall.

Robin erzählte Bruder Tuck von all seinen Gedanken.

Der verstand, fand es aber dennoch keine gute Idee, sich jetzt zu dem Explosionsort zu begeben. Ganz im Gegenteil.

»Im Moment können wir dort vor Ort sowieso nichts untersuchen«, erklärte er. »Aber wir sollten fürs Erste von hier verschwinden. Es ist nicht gut, in der Nähe einer Explosion aufgefunden zu werden. Zu schnell gerät man in den Kreis möglicher Verdächtiger. Wir müssen abhauen, und morgen sehen wir weiter.«

»Verdächtiger?«, wiederholte Robin. »Also glaubst du auch nicht an einen Unfall?«

Bruder Tuck winkte ab. »Ich weiß es nicht. Komm jetzt.«

Ihr Weg zurück führte sie zunächst Richtung Unfallstelle. Mehrere Feuerwehrzüge mit Blaulicht und Martinshorn kamen ihnen entgegen, die nun einige Hundert Meter von ihnen entfernt anhielten und alles für das Löschen des Brandes vorbereiteten. Das war aus der Entfernung aber nur schemenhaft zu erkennen.

Als sie die Höhe des Cafés erreicht hatten, blieb Bruder Tuck erstaunt stehen. Das Restaurant lag unversehrt und geschlossen vor ihnen.

»Hier ist gar nichts in die Luft geflogen«, stellte Bruder Tuck fest. »Sondern dort hinten.«

»Was ist denn dort?«, fragte Robin nach.

»Das Vereinshaus eines Angelvereins«, antwortete Bruder Tuck sichtlich von seiner eigenen Antwort verblüfft.

Auch Robin wunderte sich. »Was kann denn in einem

Vereinshaus explodieren?«, fragte er. »Auch eine Gasflasche?«

»Möglich, dass die einen Gasherd oder eine Gasheizung haben«, antwortete Bruder Tuck. »Aber ganz sicher war beides in dieser Nacht nicht in Betrieb. In dem Vereinshaus ist nachts niemand. Und Gastanks können eigentlich nur explodieren, wenn eine Flamme oder ein Funke drankommt. Wie aber sollte das passiert sein?«

Robin räusperte sich verlegen.

Bruder Tuck bemerkte scheinbar, dass Robin eine Idee für die Ursache hatte, sie aber nicht aussprechen mochte.

»Worüber denkst du nach?«, fragte er Robin direkt.

Robin druckste noch immer ein wenig herum. Dann rückte er mit seiner Idee heraus.

»Vielleicht ist da ein ... na ja, ein Obdachloser eingebrochen, um dort zu übernachten, und dann ...«, sagte er zögerlich.

»Ich verstehe«, übernahm Bruder Tuck das Wort. »Könnte sein. Aber ich glaube nicht, dass der dann den Gasherd in Betrieb nimmt. Und die Heizung um diese Jahreszeit schon gar nicht. Und einen Einbruch in ein Vereinshaus würde einer von uns nur in Betracht ziehen, wenn es draußen entweder wirklich bitterkalt ist oder es in Strömen gießt.« Bruder Tuck winkte ab. »Nein. Nein, das war kein Obdachloser.«

Diese Antwort beunruhigte Robin allerdings nur noch mehr.

»Und wenn ...«, setzte er von Neuem an. »Wenn es ...«

Sein Gedanke kam ihm kaum über die Lippen. »Wenn es vielleicht Jugendliche waren, die dort Party machen wollten?«

Robin erinnerte sich, dass Bernd Ross, der Ober-Blödmann in seinem Kinderheim, mal mit einigen seiner Kumpels in ein Schrebergartenhaus eingebrochen war, um dort die ganze Nacht Party zu feiern. Allerdings waren sie bereits nach einer Stunde entdeckt und von der Polizei aufgegriffen worden. Und hatten später im Kinderheim von Fred höllischen Ärger bekommen.

Bruder Tuck hielt Robins Idee für möglich.

»Beten wir, dass es nicht so war«, sagte er. »Denn die Explosion dürfte keiner von ihnen überlebt haben.«

Robin wurde bleich bei dem Gedanken.

Ans Weitergehen und Abhauen, wie sie vorgehabt hatten, war nun nicht mehr zu denken. Robin musste unbedingt wissen, ob bei der Explosion Menschen ums Leben gekommen waren.

Bruder Tuck wollte gerade widersprechen, da ergänzte Robin – nun schon mit Tränen in den Augen: »Und wenn es keine Jugendlichen waren, könnte auch mein Vater dort drinnen gewesen sein!«

»Wieso sollte er?«, fragte Bruder Tuck erschrocken nach. Der Gedanke schien ihm noch gar nicht gekommen zu sein.

Robin zuckte mit den Schultern. Seine Hände hatten zu zittern begonnen.

»Du hast doch erzählt, mein Vater hätte hier mit einer

Taschenlampe die Gegend abgesucht. Vielleicht hat er auch in dem Vereinshaus etwas gesucht und dann …«

Bruder Tuck sagte nichts. Was Robin als unerträglich schlimm empfand. Denn es bedeutete, dass auch er Robins Theorie für möglich hielt.

»Wir müssen nachsehen!«, bettelte Robin.

Bruder Tuck verstand offenbar, dass er Robin die Bitte nicht abschlagen konnte. Also gab er nach und ging mit Robin auf die Explosionsstelle zu, auch wenn ihm anzumerken war, dass ihm dabei ganz und gar nicht wohl war. Little John blieb dicht an Robin dran, so nah, dass sein Fell immer wieder über Robins rechte Wade streifte.

Die drei blieben in gehörigem Abstand, aber nah genug, dass sie die Löscharbeiten gut beobachten konnten. Gleichzeitig hielten sie sich weitgehend im Hintergrund, damit sie selbst nicht gesehen werden konnten.

Der lang gezogene Pavillon des Anglervereins stand lichterloh in Flammen, und selbst Robin, der keinerlei Erfahrungen mit Hausbränden hatte, ahnte, dass an dem Gebäude wohl nichts mehr zu retten war, sondern es bis auf die Grundmauern abbrennen würde. Trotz aller Bemühungen der Feuerwehr, die inzwischen mit sechs Löschzügen vor dem Pavillon im Einsatz waren. Der einzige Vorteil, den sie hatten, war, dass der Pavillon direkt am Ufer stand und somit genügend Löschwasser aus der Elbe gepumpt werden konnte.

»Da ist nichts mehr zu machen«, brummte Bruder Tuck. »Das gesamte Vereinshaus ist hinüber.«

Robin nickte und fragte: »Kannst du irgendetwas erkennen?«

Er musste es nicht aussprechen. Bruder Tuck wusste, was Robin meinte: ob irgendwelche Personen aus dem brennenden Inferno gerettet oder herausgetragen wurden.

Doch davon war nichts zu sehen. Das konnte ein gutes Zeichen sein, dass wirklich keine Menschen zu Schaden gekommen waren. Oder ein schlechtes, dass jede Hilfe zu spät kam und mögliche Leichen noch lange nicht geborgen werden konnten.

Robin wusste das. Er versuchte, sich an die Hoffnung zu klammern, dass es ein gutes Zeichen war. Dann erinnerte er sich an die Nachricht seines Vaters, die er immer noch als Geruchsprobe in einem Zellophanbeutel bei sich trug. Ob Little John bei all dem Qualm und Rauch in unmittelbarer Nähe der noch immer lodernden Flammen in der Lage war, den Geruch seines Vaters aufzunehmen und hier nach Spuren zu suchen?

Robin war sicher, das war selbst für Little John unmöglich. Und doch fragte er sich, weshalb er es nicht versuchen sollte. Er pulte den Zettel seines Vaters aus dem Beutel hervor und hielt ihn Little John vor die Nase.

»Such!«, forderte er den Hund auf. »Such!«

»Was tust du da?«, fragte Bruder Tuck.

Robin erklärte es ihm.

Bevor Bruder Tuck Einwände erheben konnte, erklärte Robin ihm, was er selbst gerade gedacht hatte.

Zu Robins Überraschung nahm Little John sofort die

Fährte auf, als wollte er beweisen, dass sich alle in seinen außerordentlichen Fähigkeiten getäuscht hatten.

Das Spannende war, dass Little John überhaupt nicht Richtung Feuer lief, wie Robin ein bisschen befürchtet hatte, sondern in die entgegengesetzte, vom Feuer fort, an den Löschzügen vorbei, zur hinteren Straße und dann Richtung Ausschläger Elbdeich, wo es auch zwei Busstationen gab.

Doch bis dahin kamen sie gar nicht.

Little John lief quer rüber zur Parallelstraße Alexandra-Stieg, über sie hinweg und dann erst zum Elbdeich und weiter hinauf bis zum Ausbildungszentrum eines großen Energieunternehmens.

Dort machte Little John halt und kläffte dreimal.

Robin rannte zu ihm und traute seinen Augen nicht.

Vor Little John lag ein alter, abgewetzter, zum Teil angesengter Mantel auf der Straße.

EIN GEHEIMNISVOLLER MANTEL

Robin betrachtete den Mantel in seiner Hand. Er konnte sich nicht gut genug erinnern, aber er hielt es für möglich, dass sein Vater genau diesen Mantel getragen hatte, als Robin ihn im Park kurz gesehen hatte.

Robin wollte den Mantel gerade untersuchen, doch Bruder Tuck hielt ihn zurück.

»Vorsicht!«, mahnte er. »Du weißt nicht, ob sich etwas in den Taschen befindet, woran du dich verletzen könntest.«

»Verletzen?«, fragte Robin verwundert, während Bruder Tuck ihm den Mantel behutsam aus der Hand nahm.

»Was, wenn es nicht der Mantel deines Vaters ist, sondern der eines Drogenabhängigen? Dann könntest du in der Tasche in eine Spritze greifen. Und vielleicht auch in ein Messer oder in Glasscherben. Weiß der Himmel, was der Besitzer des Mantels alles in seinen Taschen haben könnte.«

Robin zog zweifelnd die Augenbrauen hoch. Aber er

war einverstanden, dass sie den Mantel erst einmal mitnahmen und später in Ruhe und vorsichtig untersuchten.

Bruder Tuck, Robin und Little John gingen zurück zum Park hinter dem Bismarck-Denkmal, wo Robin Bruder Tuck aufgespürt hatte.

Der Fußmarsch dorthin dauerte wieder eineinhalb Stunden. Als sie endlich ankamen, stellte Robin erleichtert fest, dass der Platz, an dem Bruder Tuck es sich vor Stunden schon für die Nachtruhe gemütlich gemacht hatte, immer noch frei war.

Mittlerweile ging es auf halb drei Uhr nachts zu, und Robin war todmüde.

Bruder Tuck breitete seine Folie und seine Pappen aus und band erneut eine zweite Folie als Dach zwischen den Ästen fest, weil er noch immer davon ausging, dass es in dieser Nacht regnen würde.

Er sollte recht behalten. Kaum hatte er die Folie an den Ästen festgeschnürt, pladderten die ersten Tropfen auf die Folie.

»Jetzt geht es los!«, sagte Bruder Tuck. »Schnell unter die Folie in den Schlafsack.«

Er breitete den Schlafsack für Robin aus, der sich sofort hineinlegte.

Little John kletterte auf ihn und legte sich gemütlich auf Robins Bauch.

Eigentlich hätte Robin ihn heruntergeschubst, weil er ihm zu schwer war. Aber dafür war er zu müde. Er schloss die Augen und schlief sofort so fest ein, dass er nicht einmal mehr mitbekam, wie ein donnerndes Gewitter über sie hereinbrach.

So ungewöhnlich, wie Robin eingeschlafen war, wurde er am Morgen auch geweckt. Er befand sich noch im Tiefschlaf. Bruder Tucks lautes Schnarchen neben ihm störte ihn nicht. Little John hatte sich irgendwann in der Nacht von Robins Bauch hinuntergewälzt und sich zwischen seinem Herrchen und Bruder Tuck eingekuschelt.

Jetzt aber sprang Little John auf, bellte einmal kurz und wedelte freudig mit dem Schwanz.

»Ja, da seid ihr ja!«, hörte Robin von irgendwo eine Stimme, die ihm wohlbekannt war. Während er gerade noch darüber nachgrübelte, ob die Stimme nur in seinem Traum vorkam oder er schon dabei war, aufzuwachen, hörte er die Stimme erneut: »Wieso bist du einfach so abgehauen? Weißt du eigentlich, was ich mir für Sorgen gemacht habe?«

Robin öffnete jetzt die Augen und hob leicht den Kopf. »Hä? Wie bitte? Was …?«

Vor ihm stand Ronja. Die Hände vorwurfsvoll in die Hüften gestützt, die Stirn zu einem bösen Blick in Falten gelegt. Bruder Tuck schnarchte immer noch und bekam von allem nichts mit.

»Wie hast du mich gefunden?«, fragte Robin.

»Das ist nicht die Frage«, widersprach Ronja. »Die Frage ist: Weshalb bist du hier? Weshalb schleichst du dich mitten in der Nacht fort, ohne mir Bescheid zu sagen? Als ich heute Morgen das Gartenhaus leer vorgefunden habe, habe ich mir echt Sorgen um dich gemacht. Für einen Moment dachte ich sogar, die Polizei hätte dich gefunden und dich zurück ins Kinderheim geschleppt.«

»Wie soll das denn …?«, wollte Robin fragen.

»Das habe ich mir dann auch gesagt«, unterbrach Ronja ihn. »Also habe ich mich auf die Suche gemacht. Ich habe mir schon gedacht, dass du Bruder Tuck aufsuchst.«

Und sie kannte durch Robin ebenfalls einige seiner bevorzugten Plätze, weshalb sie jetzt wohl hier aufgetaucht war.

»Wie spät ist es denn?«, fragte Robin.

»Kurz nach neun«, antwortete Ronja.

»Und deine Schule?«, fragte Robin.

Ronja winkte ärgerlich ab. »Nun lass doch meine Schule! Sag mir lieber, wieso du hier bist.«

Robin erzählte ihr detailliert von der letzten Nacht. Ronja hörte aufmerksam zu, bis er fertig war. Erst dann fragte sie: »Den Mantel habt ihr also noch nicht untersucht?«

Robin schüttelte den Kopf. »Nein! Und jetzt muss ich gleich los zur Schule. Jonas wartet auf mich.«

Ronja sah auf die Uhr. Sie wusste, dass es nicht weit war zu Robins Schule mit dem Treffpunkt am Zaun. »Eine Viertelstunde haben wir noch. Lass uns mal nachsehen.«

Robin zog den Mantel aus einer von Bruder Tucks Tüten, der dadurch allmählich aufwachte.

»Aber vorsichtig!«, mahnte Robin und wiederholte die

Warnung, die Bruder Tuck in der Nacht ihm gegenüber ausgesprochen hatte.

Ronja schaute Robin daraufhin ebenso skeptisch an, wie Robin in der Nacht Bruder Tuck angeschaut hatte. Trotzdem nahm sie die Mahnung ernst und griff nur mit spitzen Fingern nach dem Mantel. Zunächst tastete sie die Taschen behutsam von außen ab, doch sie spürte nichts.

»Der scheint leer zu sein«, sagte sie.

In einem zweiten Durchgang nahm sie sich jetzt jede Tasche vorsichtig einzeln vor.

In der ersten Tasche links außen befand sich – nichts.

Aus der zweiten Tasche rechts außen zog sie mit zwei Fingerspitzen ein gebrauchtes Taschentuch hervor und ließ es mit angeekelter Miene gleich wieder fallen.

Dann klappte sie den Mantel auf. Er besaß zwei Innentaschen. Die rechte Innentasche war ebenfalls leer, in der linken allerdings fand Ronja einen Zettel, auf dem nur eine Nummer stand: 7923.

Sie zeigte Robin kurz den Zettel, zog ihn dann zurück und hielt ihn gegen das Licht.

»7-9-2-3?«, fragte Robin. »Was könnte das bedeuten?«

»Vielleicht eine PIN?«, mutmaßte Ronja. »Von einer Kreditkarte oder so?«

»Haben die vier Stellen?«, fragte Robin nach. Er kannte sich mit Bankkarten nicht aus.

»Ja«, bestätigte Ronja. »Allerdings kennt man seine PIN in der Regel auswendig, weil man sie ja häufig braucht. Auch die PIN eines Handys hat man meiner Meinung nach im Kopf.« Nach einer kleinen Denkpause räumte sie ein: »Na ja, bis auf meine Mutter. Die kennt kein einziges ihrer Passwörter auswendig und ihre PINs, glaube ich, auch nicht. Ich weiß gar nicht, wie sie damit zurechtkommt.«

»Deine Mutter notiert sich solche PINs auch auf einem Zettel?«, fragte Robin.

Ronja schüttelte heftig den Kopf. »Schön wär's. Meine Mutter schreibt sie überall auf. Und wenn sie die braucht, weiß sie nicht mehr, worauf sie sich ihre PIN das letzte Mal notiert hat: auf einen Zettel, auf die Hand, auf den Rand einer Zeitung. Es ist das pure Chaos.«

Aber dann besann Ronja sich, dass ihre Mutter hier nicht das Thema war.

Robin brachte sie auf das eigentliche Thema zurück. »Dann könnte es tatsächlich die PIN vom Bankkonto meines Vaters sein?«

Ronja nickte. »Im Prinzip ja. Aber ich glaube kaum, dass dein Vater ein Bankkonto besitzt. Schließlich ist er untergetaucht.«

»Oder von einem Zahlenschloss«, brummte eine tiefe, kratzige Stimme dazwischen.

Bruder Tuck war erwacht und hatte das Gespräch zwischen den Kindern mitbekommen.

Robin und Ronja schauten ihn verwundert an.

Ronja hakte entsprechend nach: »Sie meinen, von einem Fahrradschloss oder so?«

Bruder Tuck nickte. »Oder von einem Safe.«

»Ein Safe?«, wiederholte Ronja. »Sind da die Sicherheitscodes nicht viel komplizierter?«

Doch dann erinnerte sie sich, dass ihre Mutter zu Hause auch einen Safe in ihrem Schlafzimmerschrank hatte. Genauso einen, wie Ronja ihn schon öfter in den Ferien in Hotelzimmern gesehen hatte. Automatisch kam ihr auch die Erinnerung, wie ihre Mutter mal in einem Urlaub all ihren Schmuck in einen solchen Safe gelegt und dann zwei Tage später natürlich wieder den Sicherheitscode vergessen hatte. Es war ein ziemlich großer Aufwand gewesen, ehe das Hotelpersonal ihr den Safe wieder hatte öffnen können. Ja, es klang plausibel, dass sich jemand den Code auf einem Zettel notierte.

»Hattest du nicht heute Nacht den Zettel mit der Nachricht deines Vaters dabei?«, fragte Bruder Tuck.

»Ja! Als Geruchsprobe für Little John«, antwortete Robin. Dann begriff er, was Bruder Tuck ihm sagen wollte. »Du meinst, ich soll Little John daran schnuppern lassen? Gute Idee!«

»Nein, nein.« Bruder Tuck winkte ab. Das hatte er nicht sagen wollen. »Hol mal die Nachricht hervor. Wir können die Zettel vergleichen.«

Robin pulte die Nachricht aus der Plastiktüte in seiner Hosentasche und reichte sie Bruder Tuck.

Der nahm den Zettel und ließ sich gleichzeitig den von Ronja geben, der im Mantel gesteckt hatte. Als Erstes versuchte er, die Handschriften auf den Zetteln zu vergleichen. Da auf dem einen aber nur eine kurze Zahlenkombination stand, reichte es nicht, um die Handschriften sicher miteinander vergleichen zu können. Nun hielt er beide Zettel gegen das Sonnenlicht, drehte und wendete sie, betrachtete sie genau und sagte schließlich: »Seht ihr die Abreißkanten? Natürlich sind die nicht gleich, aber beide Zettel könnten gut vom selben Abreißnotizblock stammen.« Dann legte er die Zettel übereinander. »Obwohl beide Zettel zerknüllt und eingerissen sind, ist deutlich zu erkennen, dass sie das gleiche Format haben: DIN A7. Beides Blanko-Papier. Meiner Meinung nach stammen beide Zettel vom selben Notizblock, den jemand ständig bei sich trägt.«

»Dann ist der Mantel von meinem Vater!«, schlussfolgerte Robin.

Doch Bruder Tuck schwächte ab: »Der eine Zettel ist von deinem Vater. Der Mantel und der neue Zettel vielleicht auch, aber das wissen wir nicht sicher.«

Doch jetzt wollte Robin es genau wissen und ließ Little John wieder die Fährte vom Nachrichtenzettel aufnehmen.

»Aber Little John hat den Mantel gefunden, nachdem ich ihm den Zettel vor die Nase gehalten habe!«

Und auch jetzt steckte Little John seine Spürnase wieder sofort in den Mantel und bellte, als ob er sagen wollte: *Leute, das ist doch völlig klar, wem der Mantel gehört.*

Und so übersetzte Robin es auch: »Der Mantel ist von meinem Vater. Ganz sicher!«

Bruder Tuck nickte bedächtig mit dem Kopf und sagte: »Dein Vater war also genau in jenem Moment vor Ort, als das Vereinsheim in die Luft flog. Und da ja schon der Unfall damals keiner war, sondern ein Anschlag auf deinen Vater, können wir wohl schlussfolgern, dass die Explosion auch dieses Mal wieder kein Zufall war, sondern ein Anschlag auf deinen Vater. Seine Verfolger sind ihm offenbar auf die Spur gekommen.«

»Du meine Güte!«, rief Robin entsetzt aus. »Die wollen meinen Vater umbringen. Noch immer!«

»Wir müssen ihn beschützen!«, forderte Ronja.

Nun stimmte auch Bruder Tuck sofort zu: »Das sehe ich auch so. Zuerst aber sollten wir herausbekommen, was dein Vater überhaupt am Vereinshaus des Anglervereins zu suchen hatte.«

»Wir?«, fragte Robin hoffnungsvoll.

»Na, an einen Ort, an dem Explosionen stattfinden, lasse ich euch doch nicht allein gehen«, antwortete Bruder Tuck schmunzelnd. »Aber zuerst muss ich etwas frühstücken.«

»Was?«, meckerte Robin. »Das dauert doch so lange. Wollen wir nicht sofort zu dem Anglerverein? Der Weg dauert doch sowieso wieder eineinhalb Stunden.«

Ronja zog die Augenbrauen hoch. »Eineinhalb Stunden bis zum Entenwerder Park? Wieso das denn?«

»Zu Fuß«, erläuterte Robin.

»Wartet!« Ronja zog ihr Smartphone hervor, suchte darauf etwas und wurde schnell fündig. »Wir können ein Moia-Taxi nehmen.«

»Ein was?«, fragte Robin.

Ein Moia-Taxi war ein Zwischending zwischen Taxi und Bus. Ein Kleinbus, der mehrere Fahrgäste mitnahm und den man zu bestimmten Abholstationen bestellen konnte. Teurer als ein normaler Bus, der auf festen Linien fuhr, aber preiswerter als ein herkömmliches Taxi.

»Mit dem sind wir in der Hälfte der Zeit da. Kommt, ich führe euch zu der Stelle, wo wir abgeholt werden.«

»Was du alles hast«, staunte Robin.

Ronja zuckte mit den Schultern. »Wie du mitbekommen hast, hat meine Mutter nicht sonderlich viel Zeit für mich. Sie versucht, es auszugleichen, indem sie mir alles zur Verfügung stellt, was mein Leben etwas angenehmer macht – oder was ich mir wünsche.«

Auch Bruder Tuck staunte Ronja nun an.

Noch mal zog Ronja entschuldigend die Schultern hoch und antwortete grinsend: »Verwöhnte Tochter von reichen Eltern eben. Ist doch für unsere Mission sehr praktisch.«

»Mission?«, wiederholte Bruder Tuck.

»Na, Robins Vater zu finden und ihn zu beschützen. Wenn das keine Mission ist! Wir könnten uns direkt einen Namen dafür geben. Wie wär's mit: YOUNG GUARDIANS?«

Mit Blick auf Robin übersetzte sie sofort: »Junge Beschützer.«

Robin huschte ein Lächeln übers Gesicht.

»Passt eigentlich ganz gut«, sagte er. »Im Kinderheim habe ich auch immer Jonas beschützt.«

Dann schlug er sich mit der flachen Hand gegen die

Stirn. »Verdammt! Jonas! Den hab ich ja ganz vergessen! Wie spät ist es?«

»Kurz vor halb zehn«, teilte Ronja ihm mit.

»Das schaffe ich noch, wenn ich renne«, rief Robin und raste sofort los.

Little John wirkte für einen Moment zwar überrascht, doch dann jagte er hinter seinem Herrchen her.

»Warte!«, rief Ronja noch. »Wo ...?«

... *treffen wir uns?*, wollte sie fragen. Doch Robin hörte sie nicht mehr.

Ronja winkte ab. »Wir gehen einfach in zwanzig Minuten auch zur Schule«, schlug sie Bruder Tuck vor. »Dann ist die große Pause zu Ende.«

»Und ich komme doch noch zu meinem Frühstück«, rechnete sich Bruder Tuck zufrieden aus.

»Und wo?«, fragte Ronja.

Bruder Tuck ahnte, dass sie an eine Bäckerei oder ein Frühstückscafé dachte.

»In meinem Appartement«, antwortete er lachend. »Komm!«

Sie gingen zurück zu der Stelle, an der er und Robin übernachtet hatten. Dort lagen noch sein Schlafsack und seine Tüten. Die nasse Folie, aus der Bruder Tuck ein Dach gebaut hatte, hing zum Trocknen da.

»Kannst du einfach alles hier so liegen lassen, ohne dass dir etwas geklaut wird?«, fragte Ronja.

»Mich kennen die hier alle. Mir klaut niemand etwas«, behauptete Bruder Tuck.

Ronja glaubte ihm nicht so ganz, aber das war ja auch egal.

Bruder Tuck wühlte in seinen Tüten und zog ein halbes Paket mit Schwarzbrot-Scheiben und ein Glas mit einer grauen Masse darin heraus. Aus seiner Hosentasche angelte er ein Schweizer Taschenmesser. »Und die Wertsachen trage ich immer bei mir«, kommentierte er dazu. »Möchtest du auch?«

»Was ist denn das?«, fragte Ronja.

»Leberwurst im Glas«, antwortete Bruder Tuck. »Kennst du es nicht?«

Ronja schüttelte den Kopf. »Nein, so etwas gibt es bei uns zu Hause nicht.«

»Kann ich mir vorstellen«, sagte Bruder Tuck. »Ist auch kein Bio, und Leberwurst ist eigentlich nichts anderes als durchgedrehte Fleischabfälle, lecker gewürzt und abgeschmeckt.«

Ronja verzog das Gesicht. Bruder Tuck lachte.

Er begann, sich eine Scheibe mit der Wurst zu schmieren.

»Ich probiere«, sagte Ronja.

Bruder Tuck schaute sie verwundert an. Dann reichte er ihr seine Scheibe Brot.

Ronja biss ein kleines Stückchen ab, kaute und stellte schließlich fest: »Schmeckt gut!«

Dann biss sie gleich ein größeres Stück ab.

Bruder Tuck lachte erneut. »Die Lebensmittelindustrie weiß ziemlich gut, wie sie minderwertige Fleischabfälle schmackhaft aufbereitet.«

Dann schmierte er sich erneut eine Scheibe und biss genüsslich hinein.

Währenddessen kam Robin an der Schule an. Fünf Minuten zu spät.

Jonas stand aber noch am Treffpunkt und hielt Ausschau nach seinem besten Freund.

Erleichtert sah er ihn nun kommen.

Robin fiel es sofort auf: Jonas' blaues Auge, das schon ein wenig abgeklungen war, war wieder größer geworden. Robin war sich sicher: Bernd Ross hatte noch mal zugeschlagen. Jonas hatte jetzt sozusagen ein Veilchen auf dem Veilchen. Ohne Umschweife begrüßte Robin seinen Freund deshalb mit den Worten: »Den schnapp ich mir!«

Wie immer winkte Jonas ab. »Es ging dieses Mal wenigstens nicht um dich. Nur eine Kleinigkeit hier in der Schule. Ich sollte eine Hausaufgabe für ihn schreiben. Habe ich natürlich nicht gemacht.«

Dafür hatte Jonas also das neue blaue Auge kassiert.

»Was gibt es Neues?«, fragte Jonas.

Robin erzählte ihm ausführlich von der Nacht und ihren neuesten Erkenntnissen.

Jonas fasste zusammen: »Also, in der Gegend Entenwerder gab es vor zehn Jahren ein großes Fischsterben, über das dein Vater als Journalist geschrieben hat. Zu der Zeit hat dort auch ein Zirkus gastiert, bei dem Tiere krank wurden und teilweise gestorben sind. Gestern hast du dort ein vermutlich durch Rattengift vergiftetes Kaninchen entdeckt. Und heute Nacht gab es dort eine Explosion?«

»Ganz genau«, bestätigte Robin. »Glaubst du, es gibt einen Zusammenhang zwischen den kranken Tieren von damals und der Explosion gestern Nacht?«

»Allerdings glaube ich das«, antwortete Jonas. »Also, ich würde es nicht vermuten, wenn dein Vater nicht seit neun Jahren untergetaucht wäre. Doch wir wissen, es sind irgendwelche gefährlichen Leute hinter ihm her. Das hat er dir ja auch selbst geschrieben. Dein Vater ist offenbar ja noch immer dran an der Geschichte. Und ganz augenscheinlich haben diese gefährlichen Leute auch etwas zu verbergen. Deshalb die Explosion.«

Robin versuchte, Jonas' Gedankengänge nachzuvollziehen. So ganz gelang es ihm nicht. »Du meinst«, fragte er zögerlich nach, »die Explosion sollte irgendwelche Beweise vernichten?«

»Möglich«, bestätigte Jonas.

Robin mochte nicht so recht daran glauben. Denn seiner Meinung nach hätte das bedeutet, dass diese Beweise seit neun oder zehn Jahren dort vorhanden sein mussten. »Warum hat man die Beweise nicht viel eher vernichtet?«

Jonas teilte Robins Ansicht allerdings nicht: »Wer sagt denn, dass die Beweise nicht erst kürzlich dorthin gekommen sind? Ich denke, wichtig wäre, endlich herauszubekommen, wer hinter deinem Vater her ist. Dazu wäre es gut zu wissen, was dort eigentlich früher war in Entenwerder. Was zum Beispiel die Vergiftung der Tiere verursacht haben könnte. Hat dein Vater damals keinen Verdacht geäußert?«

»Nicht dass ich wüsste. Da muss ich mal Ronja fragen. Die liest immer die alten Zeitungsberichte«, antwortete Robin.

Mehr konnten sie nicht besprechen. Denn ihre Unterhaltung wurde jäh unterbrochen.

»Da ist er!«, hörten sie plötzlich eine Stimme.

Ums Schulgebäude herum lugten Bernd Ross und einige seiner Kumpanen. Irgendwie mussten sie wohl geahnt haben, dass Jonas sich täglich mit Robin traf, und hatten ihm nun nachspioniert. Jetzt jedenfalls stand Bernd Ross nur hundert Meter entfernt, zeigte auf Robin und rief: »Schnappt ihn!«

»Ich melde mich!«, rief Robin Jonas hastig zu und machte, dass er fortkam.

Er sah gerade noch, dass sich Bruder Tuck und Ronja näherten, um ihn abzuholen.

»Haut ab!«, brüllte Robin den beiden zu. »Sie sind hinter mir her!« Dann rannte er, so schnell er konnte, in eine andere Richtung davon.

Ronja sah, wer ihm vom Schulhof aus nachjagte.

»Scheiße!«, stieß sie aus und lief ebenfalls davon, aber wiederum in eine andere Richtung als Robin. Während Robin einen Bogen nach rechts schlug, machte sie einen nach links.

Nur Bruder Tuck blieb an Ort und Stelle stehen. Wenn die Jungs, die jetzt aus dem Hauptausgang auf ihn zugelaufen kamen, Robin folgen wollten, mussten sie an ihm vorbei. Bruder Tuck war schon recht alt und körperlich in keiner guten Verfassung. Im Unterschied zu den vier Jugendlichen, die da gerade auf ihn zugelaufen kamen. Groß, kräftig und sportlich waren die. Aber eben erst so um die 15 oder 16 Jahre alt.

Bruder Tuck, von allen anderen außer Robin und Ronja meist nur »Käpt'n« genannt, spielte sein Alter, seine Erfahrung und sein wildes, mächtiges und bärenhaftes Erscheinungsbild aus.

Als Bernd Ross dicht an ihm vorbeilief, streckte der alte »Käpt'n« kurz seinen linken Arm aus. Bernd Ross prallte an ihm ab wie an einem übersehenen Segelmast und ging mit einem lauten Aufschrei zu Boden. Er hielt sich die Nase und sah an seinen Händen, dass sie enorm blutete.

»Oh Scheiße, Mann!«, presste er zwischen den Lippen hervor.

Die anderen drei, die einige Meter hinter ihm gelaufen waren, hatten so schnell nicht mitbekommen, was direkt vor ihren Augen geschehen war.

Einer fragte danach.

»Der Penner hier hat mir den Weg versperrt!«, behauptete Bernd Ross, wobei er seinen Kopf in den Nacken legte, damit nicht noch mehr Blut aus seiner Nase schoss.

Der alte Käpt'n beugte sich vor und fragte drohend: »Mit *Penner* hast du doch hoffentlich nicht mich gemeint. Oder?«

Bernd Ross sagte nichts, sondern hielt sich nur die Nase.

Die anderen drei Jugendlichen wichen ein wenig zurück.

»Ich glaube, er meint euch«, behauptete Bruder Tuck. »Ihr Penner sollt ihm gefälligst helfen. Euer Kumpel ist ausgerutscht und auf die Nase gefallen.«

Keiner der vier Jugendlichen wagte es, zu widersprechen.

»Also, nehmt ihn und verzieht euch nach Hause. Oder in die Schule. Da bekommt ihr bestimmt einen Verband für ihn.«

Mit diesen Worten ging Bruder Tuck einfach weiter, ohne sich noch ein einziges Mal nach den Jungs umzudrehen.

Erst als der Alte weit genug entfernt war, begannen die drei Jugendlichen, sich um Bernd Ross zu kümmern.

Da waren Robin und Ronja aber bereits längst »über alle Berge«, wie man auch im flachen Hamburg zu sagen pflegte.

RETTUNG IN LETZTER SEKUNDE

Robin, Ronja und Bruder Tuck hatten keine Zeit gehabt, einen Treffpunkt nach ihrer Flucht zu verabreden. So hatten sie sich in drei Richtungen verstreut, wobei Bruder Tuck einfach auf seinem Platz stehen geblieben war. Aber dorthin zurückzukehren, erschien sowohl Robin als auch Ronja zu riskant.

Da weder Robin noch Bruder Tuck ein Handy besaßen, konnte Ronja sich mit ihnen nicht verständigen. So blieb ihr nichts anderes übrig, als das zu tun, was ihre Mutter ihr einmal erzählt hatte: Ihr erstes Handy bekam Ronjas Mutter im Alter von 16 Jahren. Zu der Zeit war es noch überhaupt nicht üblich gewesen, dass nahezu jeder ein Handy besaß. Ganz im Gegenteil. Nur wenige hatten damals schon eines, weil sowohl die Anschaffung als auch das Telefonieren damit noch sehr teuer gewesen waren. Ins Internet kam man damals mit einem Handy sowieso noch nicht. Insofern hatte sie damals ihre Freunde selbst mit dem Mobiltelefon nicht erreichen können, weil die anderen keines besaßen. Und als sie jünger war, ohnehin nicht.

»Aber wie habt ihr euch denn dann verabredet?«, hatte Ronja ihre Mutter gefragt.

»Entweder haben wir am Nachmittag mit dem Festnetztelefon telefoniert. Oder wir wussten einfach, wann sich die anderen wo aufhielten. Wir hatten feste Treffpunkte. Am Eiscafé, auf dem Spielplatz, an der Turnhalle. Wir wussten immer, wann und wo die Clique sich regelmäßig traf.«

Ronja überlegte. Genauso hatte sie am Morgen ja auch Bruder Tuck und Robin aufgespürt. Und auf diese Weise traf Robin auch täglich Jonas an der Schule. Aber wo war ein Treffpunkt, zu dem Robin und Bruder Tuck jetzt hingehen würden?

Die Suppenküche!, fiel Ronja ein. Das war so ein Treffpunkt. Aber der lag nicht auf dem Weg zum Entenwerder Park, zu dem sie jetzt ja eigentlich hatten gehen wollen.

Ronja hatte schon ein Moia-Taxi bestellt. Und wieder abbestellt, als Robin zur Schule losgelaufen war. Hatte sie den anderen beiden die Abholstation genannt?

Nein! Sie hatte nur gesagt, dass sie die beiden zur Haltestelle führen würde. Mist.

Also, was dann?

Ronja gab schnell die Fußgängerroute zum Entenwerder Park auf dem Navi ihres Smartphones ein. Und siehe da, der kürzeste Fußweg führte im Nordosten aus dem Alten Elbpark heraus, direkt an der Hundewiese vorbei.

Ronja war sicher: Das war der Weg, für den sich Robin entscheiden würde.

Der stand in diesem Moment an der Westseite des Alten Elbparks und machte sich genau die gleichen Gedanken wie Ronja. Und kam zum selben Ergebnis. Er hatte weder Navi noch Handy. Aber er kannte den kürzesten Fußweg zum Entenwerder Park, weil er ihn mit Bruder Tuck in der vergangenen Nacht gegangen war. Und damit würde er nicht nur Bruder Tuck auf diesem Weg treffen, sondern eigentlich – so dachte Robin es sich – müsste auch Ronja durch ihr Handy auf diesen Weg gelotst werden.

»Komm!«, sagte Robin zu Little John. »Du hast Glück. Wir laufen zur Hundewiese.«

Natürlich kannte Little John den Begriff »Hundewiese« nicht. Aber an der Tonlage seines Herrchens erkannte er, dass ihm etwas Schönes bevorstand. Und so wedelte er freudig mit dem Schwanz und lief in die Richtung voraus, die Robin ihm nun anzeigte.

Etwa zehn Minuten später trafen sich alle drei – als hätten sie sich ausdrücklich so verabredet – am Ausgang des Alten Elbparks.

»Wer braucht ein Handy bei solcher Gedankenübertragung?«, rief Robin den beiden anderen lachend zur Begrüßung zu.

»Ich weiß sowieso nicht, wozu man ein Handy braucht«, behauptete Bruder Tuck.

Ronja ließ sich nicht verunsichern.

»Ich bin froh, dass ich eines habe.« Sie hielt es in die Höhe. »Ich hätte euch sonst nämlich nicht gefunden.«

»Nehmt euch ein Beispiel an Little John«, sagte Robin. »Dessen Navi ist die Nase.«

Bruder Tuck lachte laut und herzlich, auch wenn es sich wieder anhörte wie ein abgesoffener Dieselmotor. »Na, auf meine Nase würde ich mich da lieber nicht verlassen. Aber immerhin habe ich einen ausgezeichneten Orientierungssinn.«

»Soll ich jetzt wieder ein Moia-Taxi bestellen?«

Bruder Tuck und Robin schüttelten die Köpfe.

»Das machen wir zu Fuß«, sagte Robin. »Ich denke, Little John ist das auch lieber.«

Eine gute Stunde später erreichten sie das ausgebrannte Vereinshaus.

Rundherum war das Gebäude mit Flatterband abgesperrt. Aber das stellte für die drei keine Hürde dar. Sie schlüpften einfach untendurch, was selbst Bruder Tuck leichtfiel.

Robin und Ronja wollten nun geradewegs ins Gebäude stürmen, doch der alte Käpt'n hielt sie zurück.

»Wartet!«, warnte er. »Erst einmal schauen, ob wir allein hier sind.«

Robin sah sich um. »Hier ist doch weit und breit niemand.«

Robin meinte Polizei oder Feuerwehrleute oder Bauarbeiter, die bereits mit den Aufräumarbeiten begonnen hatten.

Doch davon sprach Bruder Tuck nicht.

»Wenn es kein Unfall war, sondern ein Brandanschlag, dann könnten die Täter eventuell Interesse haben, vor Ort zu prüfen, ob ihr Anschlag erfolgreich war«, gab er zu bedenken.

Robin und Ronja erschraken. Daran hatten sie nicht gedacht. Es war möglich, den Attentätern in die Arme zu laufen, so, wie sie vor einiger Zeit bei der Wohnungsdurchsuchung ausgerechnet dem Verfolger ihres Vaters in die Quere gekommen waren. Schlagartig hatte Robin wieder das Bild in seinem Kopf, wie ihn der Gangster mit einer echten Waffe bedroht hatte. Wenn Little John und Ronja nicht rechtzeitig eingeschritten wären, hätte das böse für ihn enden können.

Robin schluckte und schaute sich mit einem Mal ängstlich um.

»Du meinst, einer von den Attentätern ist vielleicht gerade hier?«

»Keine Ahnung«, räumte Bruder Tuck ein. »Möglich ist alles.«

Das Gebäude stand eigentlich noch komplett da, nur vollkommen ausgebrannt. So schien es auf den ersten Blick. Die Hälfte des Dachs war eingestürzt, die Fensterscheiben herausgesprengt, die Mauern schwarz, die Türen verkohlt, aber die Mauern standen noch.

»Wir schleichen uns zu dem Fenster dort und werfen einen Blick hinein.« Bruder Tuck zeigte auf eines, aus dem das Glas vollkommen herausgesplittert war.

Robin schlich voran, während Ronja Little John ein wenig zurückhielt. Er sollte sie nicht durch ein mögliches Bellen verraten.

Ronja und Bruder Tuck stellten sich links und rechts vom Fenster auf, Robin ging in die Hocke und linste so gerade eben über den Fenstersims hinweg ins Gebäude hinein.

Was er sah, ließ ihm das Blut in den Adern gefrieren.

Er blickte auf den Rücken eines Mannes, vor dem – Robin konnte es nicht so recht erkennen – offenbar ein anderer Mann mit erhobenen Armen auf dem Boden saß. Robin rutschte langsam ein wenig nach rechts, sodass er besser an dem stehenden Mann vorbeisehen konnte. Jetzt erkannte er, dass der stehende Mann eine Pistole auf den sitzenden gerichtet hatte. Und er erkannte auch, wer der Mann mit der Waffe war: Arndt Spalter, der angebliche Detektiv! Sein Verfolger, der ihn in der Wohnung seines Vaters bedroht und in seiner Schule gesucht hatte und in dessen Wohnung er und Ronja die zahlreichen Zeitungsausschnitte gefunden hatten.

Und der bedrohte Mann auf dem Boden, das war ... – Robin kniff die Augen zusammen, um ganz genau hinzusehen. War das möglich? Doch! Robin war sich nun sicher. Der Mann auf dem Boden, das war sein Vater!

Robin stockte der Atem. Er duckte sich weg und gab Ronja und Bruder Tuck ein Zeichen, dass sie vorsichtig um die Ecke ins Gebäude schauen sollten.

Zusätzlich zeigte er hinein und flüsterte so leise, dass es kaum hörbar war: »Mein Vater! Er wird bedroht!«

Ronja und Bruder Tuck schauten nach und zogen ihre Köpfe gleich wieder zurück.

Ronja war genauso geschockt wie Robin.

Bruder Tuck hingegen war sofort zum Handeln bereit. Ohne ein Wort zu sagen, wies er die Kinder gestikulierend an, sie sollten um das Gebäude herumlaufen. Denn hinter dem Vater befand sich ebenfalls ein Fenster ohne Scheibe.

Robin begriff: Aus dem sollte sein Vater fliehen. Denn offenbar hatte Bruder Tuck vor, den Verfolger entweder abzulenken oder anzugreifen.

Robin wischte alle Zweifel beiseite, ob der alte, gebrechliche Käpt'n körperlich in der Lage war, den Gangster erfolgreich zu bekämpfen. Er hätte ohnehin keine andere Idee gehabt, sondern wusste nur: Sie mussten schnell handeln. Mehrfach hatten die Verfolger versucht, seinen Vater umzubringen. Jetzt, da einer ihn gestellt hatte, würde der vermutlich nicht lange zaudern, seine lang gehegten Mordpläne in die Tat umzusetzen. Robin wollte Little John ein Zeichen geben, ihm still zu folgen.

Doch Bruder Tuck bedeutete ihm, dass der Hund bei ihm bleiben sollte.

Robin und Ronja schlichen also ohne Little John ums Haus herum.

Gleichzeitig nahm Bruder Tuck Little John an seine Seite und schlenderte auf die zerstörte, aufgebrochene und halb verbrannte Eingangstür zu. Als er sie erreichte, begann er, den besoffenen Obdachlosen zu mimen, indem er abwechselnd laut schimpfte und sang. Auf diese Art polterte er ins Gebäude hinein.

Arndt Spalter wandte sich überrascht um, erschrak aber nicht, sondern ging sofort dazu über, den Obdachlosen, der vermeintlich betrunken auf ihn zuwankte, wüst zu beschimpfen:

»Verschwinde, Alter! Du hast hier nichts verloren!«

Ronja und Robin waren inzwischen auf der Rückseite des Gebäudes angekommen, lugten von dort vorsichtig durchs Fenster und konnten alles beobachten.

Bruder Tuck ließ sich nicht beeindrucken, sondern wankte weiter auf den Mann mit der Waffe zu.

Der verlor die Geduld und richtete die Waffe nun drohend auf Bruder Tuck: »Bist du taub? Mach, dass du fortkommst!«

Bruder Tuck stolperte weiter auf den Mann zu. Und auch Little John wurde nun aktiv. Er erkannte den Mann wieder, der schon einmal sein Herrchen mit der Waffe bedroht hatte. Knurrend sprang Little John auf den Mann zu. Noch ehe der reagieren konnte, biss Little John ihm in den Arm. Der Mann schrie auf und ließ die Waffe fallen. Nun stürzten Bruder Tuck von vorn und Robins Vater von hinten auf den Angreifer zu, rissen ihn zu Boden und überwältigten ihn. Mit ein paar heftigen Faustschlägen setzte Robins Vater den Mann schachmatt, während Bruder Tuck die auf dem Boden liegende Waffe mit dem Fuß weit fortkickte. Robin und Ronja kletterten durchs Fenster ins Gebäude hinein. Robin lief auf seinen Vater zu, der noch immer auf dem Brustkorb des Angreifers hockte.

»Papa!«

Sein Vater drehte sich zu ihm um: »Robin! Du solltest doch nicht ...!«

Mehr konnte er nicht sagen.

Mit tränenerfüllten Augen fiel Robin seinem Vater um den Hals und drückte ihn so heftig, wie er es schon seit neun Jahren gern getan hätte.

Sein Vater sagte nichts mehr, sondern drückte seinen Sohn ebenfalls innig.

Bruder Tuck steckte die Waffe des Angreifers ein, ohne den Mann, der bewusstlos unter Robins Vater auf dem Boden lag, dabei aus den Augen zu lassen.

Ronja und Bruder Tuck sagten nichts, sondern ließen Vater und Sohn die Zeit, die sie brauchten, um sich nach neun Jahren zum ersten Mal wiederzusehen und zu umarmen.

WIEDERSEHEN AUF ZEIT

Robin blieb nicht die Zeit, die er nach all den Jahren gern mit seinem Vater verbracht hätte. Schließlich hatten sie gerade einen gefährlichen Kampf hinter sich. Noch immer lag der Angreifer vor ihnen auf dem Boden.

»Wer ist der Mann?«, fragte Robin.

»Das wissen wir doch«, antwortete Ronja. »Der Typ heißt Arndt Spalter und gibt sich als Privatdetektiv aus.«

Robins Vater schaute Ronja an. »Das habt ihr herausbekommen? Ihr solltet doch nicht …«

»Ich bin übrigens Ronja«, stellte Ronja sich vor.

»Ich weiß«, antwortete Robins Vater.

Ronja erinnerte sich, dass er die Nachricht an seinen Sohn in ihren Briefkasten gelegt hatte. Klar, dass er dann wusste, wer sie war.

»Wir müssen uns erst mal um ihn kümmern und dann fort von hier. Danach alles weitere«, sagte Robins Vater. »Er kann jederzeit aufwachen.«

Er begann, Spalters Taschen zu durchsuchen.

»Sollten wir nicht die Polizei rufen?«, fragte Robin.

»Nein!«, antwortete Robins Vater. »Dann müssen wir

hier auf die Polizei warten, eine Aussage machen, ich müsste meine Personalien angeben und so weiter.«

Das passte Robin recht gut. Auch er durfte sich ja nicht von der Polizei erwischen lassen.

»Und es hat ja seinen Grund, dass ich seit Jahren untergetaucht bin«, erklärte sein Vater weiter.

»Welchen denn?«, hakte Robin nach.

»Wie gesagt: später«, antwortete sein Vater. »Wir sollten von hier verschwinden.«

Er zog Spalter dessen Gürtel aus dem Hosenbund, drehte ihn auf den Bauch, verschränkte seine Arme auf dem Rücken und band die Hände mit dem Gürtel zusammen. »Das verschafft uns zumindest ein wenig Zeit, von hier abzuhauen.«

Anschließend ging er auf einen Kasten in der Ecke des Raumes zu, der auf den ersten Blick aussah wie ein kleiner, schwarzer Kühlschrank. Doch auf den zweiten Blick erkannte Robin, dass es sich um einen angekokelten Tresor handelte.

»Kein schlechtes Versteck«, kommentierte Ronja anerkennend.

»Nicht wahr?«, bestätigte Robins Vater. »Einer meiner früheren Kollegen war hier im Angelverein Mitglied. Deshalb konnte auch niemand von mir auf diesen Verein schließen.«

»Aber irgendwie ja doch«, schränkte Ronja ein. »Ich meine, die Verfolger waren ja hier.«

»Ja, leider«, stimmte Robins Vater ihr zu. »Im Tresor

sind einige wichtige Unterlagen. Das haben die offenbar irgendwie herausbekommen.«

»Und deshalb sprengen die gleich das ganze Gebäude in die Luft?«, entrüstete sich Robin. »Die hätten doch einfach den Tresor klauen können.«

»Der Anschlag galt mir«, erklärte sein Vater. »Gestern Nacht war ich hier, um die Papiere zu holen. Sie kamen mir hier nicht mehr sicher genug vor. Tja, da hatte ich wohl recht. Ich habe bloß nicht gewusst, dass sie mich hier erwarteten und den Anschlag mithilfe einer Gasflasche vorbereitet hatten. Wäre er gelungen, hätte die Feuerwehr die Leiche eines Obdachlosen gefunden, getötet durch die Explosion einer Gasflasche bei dem Versuch, in ein Vereinshaus einzubrechen.«

Robins Vater zeigte an sich herunter. Seine zerzauste und schmutzige Kleidung; sein wirres, schlecht geschnittenes und ungewaschenes, fettiges Haar; sein unrasiertes Gesicht; seine mittlerweile auch wettergegerbte Haut und sogar einige unschöne, entzündete Hautstellen auf seinen Armen ließen ihn glaubhaft als Obdachlosen erscheinen. »Das Wichtigste ist, dass wir die Papiere aus dem Safe holen und abhauen«, sagte sein Vater weiter. »Die Kombination ist … Verflixt. Die habe ich im Mantel. Und der ist weg!«

»Sie wissen die Kombination nicht auswendig?«, fragte Ronja. »Sie sind ja wie meine Mutter.«

»Ich komme einmal pro Monat hierher und wechsle die Kombination«, erläuterte Robins Vater.

»Okay«, sagte Ronja. »Die aktuelle Kombination lautet 7923. Ich kann mir so etwas sehr gut merken. Wir haben Ihren Mantel mit dem Zettel nämlich gefunden.«

Über das Gesicht von Robins Vater huschte ein Lächeln.

»Alle Achtung! Wie ihr das geschafft habt, müsst ihr mir gleich auch berichten«, lobte er, öffnete den Safe, holte die Papiere heraus und steckte sie in eine mitgebrachte Umhängetasche.

»Hier in der Nähe gibt es ein tolles Café, das geht über ein paar Etagen mit vielen ruhigen Ecken. Gleichzeitig ist dort genug Öffentlichkeit, dass wir nicht angegriffen werden.«

Alle waren einverstanden und zogen los ins Café, das nicht weit entfernt direkt am Elbufer lag. Sie suchten sich ein ruhiges Plätzchen auf der hinteren, vom Wasser abgewandten Seite.

»Ich hole uns Getränke«, bot Ronja an.

Robins Vater zog aus seiner Hosentasche ein paar Geldscheine hervor.

Ronja winkte ab. »Ich habe genug Geld.«

Doch Robins Vater bestand darauf, dass Ronja das Geld annahm.

Ronja zog los.

Robins Vater schaute nun Bruder Tuck an.

Der hob kurz zur Begrüßung die Hand: »Die Kinder nennen mich Bruder Tuck. Dabei können wir gern bleiben.«

»Danke, dass Sie sich um Robin gekümmert haben«, sagte Robins Vater.

»Das hast du auch mitbekommen?«, fragte Robin erstaunt.

»Ich hatte dich immer im Blick, Robin. All die Jahre«, erzählte Robins Vater. »Ich weiß, wie traurig du warst und wie furchtbar es für dich gewesen sein muss, im Kinderheim aufzuwachsen. Aber es war einfach zu gefährlich, dir die Wahrheit zu sagen und dich zu mir zu holen. Das durfte ich nicht riskieren. Denk daran, was Mama passiert ist.«

Robin schossen wieder Tränen in die Augen. Er war froh, dass in diesem Moment bereits Ronja zurückkam, in einer Hand eine große Flasche Wasser, in der anderen vier ineinandergestapelte Gläser, die sie jetzt verteilte und der Reihe nach füllte.

»Hättest du nicht diesen ganzen blöden Fall sein lassen und bei mir bleiben können?«, fragte Robin mit belegter Stimme.

»Leider nein«, antwortete Robins Vater. »Glaub mir, wenn ich dafür eine Möglichkeit gesehen hätte, hätte ich es sofort gemacht.«

Er trank einen Schluck aus dem Wasserglas.

»Aber ich hatte viel Material zusammen über die Umweltverseuchung hier im Entenwerder Park. Deshalb der Anschlag auf uns. Im Auto sind die meisten Unterlagen, die ich zusammengetragen hatte, verbrannt. Aber die Attentäter konnten nicht wissen, ob es nicht doch noch weiteres Material gab. Deshalb sollte auch ich ausgelöscht werden, damit ich nicht weiter recherchieren oder etwas verraten konnte. Da war es das Sicherste, unterzutauchen und dich im Glauben zu lassen, ich wäre gestorben. Die Attentäter haben natürlich irgendwann herausbekommen, dass ich noch lebe. Aber sie wussten nicht, wo. Die einzige Chance, ihre Verfolgung zu stoppen, ist, ihren Skandal aufzudecken und sie hinter Gitter zu bringen.«

»Und wer sind die Attentäter?«, fragte Robin. »Ist es dieser Privatdetektiv?«

»Ja, aber leider ist er nicht der Einzige, sondern nur beauftragt, mich aufzuspüren. Eigentlich ist er auch gar kein Privatdetektiv. Sein Name stimmt allerdings. Er war offiziell der Leiter der Security der damaligen Müllentsorgungsfirma, die hier in der Nähe ihren Sitz hatte. Neben ihrer normalen Tätigkeit verdiente die Firma zusätzlich und hauptsächlich ihr Geld mit illegaler Müllentsorgung.«

»Illegaler Müllentsorgung?«, hakte Ronja nach. »Und das ist nie aufgedeckt worden?«

»Oh doch«, antwortete Robins Vater. »Zumindest teilweise. Das Sterben der Fische und der Zirkustiere blieb natürlich niemandem verborgen. Nur beweisen konnte man nichts. Im Gegenteil. Die Polizei und die Staatsanwaltschaft haben zwar ermittelt. Aber am Ende geriet sogar der kleine Wanderzirkus, dem die Tiere weggestorben sind, in Verdacht. Dahinter steckte ein großer Konzern. Es wurde Druck ausgeübt, Leute bedroht, Politiker bestochen und so weiter. In der Folge ruhten die Ermittlungen, bis sie schließlich ganz eingestellt wurden. Vorsichtshalber aber hat der Konzern seine kleine Tochterfirma aufgelöst beziehungsweise nach Polen verlagert. Nun wurde ein Großteil des illegalen Mülls mit Lastwagen nach Polen gefahren und dort illegal weiterverschifft oder verklappt. Einige Kollegen und ich haben trotz fehlender Beweise und Einstellung des Verfahrens immer an die illegale Müllentsorgung geglaubt und sind an der Geschichte drangeblieben. Wir wollten erreichen, dass die Ermittlungen wieder aufgenommen werden.«

»Wir?«, fragte Robin nach.

Sein Vater machte ein trauriges Gesicht. »Ursprünglich waren wir mal vier Kollegen, die an dem Fall dran waren. Thomas, einer von uns vieren – er war auch derjenige, der hier im Angelverein Mitglied war –, kam bei einem Autounfall ums Leben. Das war zu viel für mich. Denn mir war klar, dass es zwar wie ein Unfall aussah, sich aber in Wahrheit um ein Attentat handelte. Ich habe sofort den Entschluss gefasst, auszusteigen und die Recherche an dem Thema zu beenden. Deine Sicherheit und die deiner Mutter waren mir wichtiger.«

Robin beobachtete, wie die Augen seines Vaters immer feuchter wurden und sich mit Tränen füllten.

»Wirklich!«, beteuerte er. Seine Stimme begann zu zittern. »Ich habe alles stehen und liegen lassen, damit euch nichts geschieht. Ich habe nur noch einmal all mein Material aus einem Versteck geholt und wollte es in die Redaktion bringen. Und genau da traf es uns. Ein Anschlag, der deine Mama das Leben kostete.«

»Und dann hast du mich allein gelassen?« Auch Robins

Stimme zitterte, weil er es tapfer unterdrückte, weinen zu müssen.

»Mir war sofort klar, dass die Attentäter mich weiter jagen würden, wenn sie erfuhren, dass ich überlebt hatte. Und damit warst auch du in akuter Gefahr, Robin. Deshalb habe ich dich aus dem Wagen gezogen, in der Nähe sicher abgelegt, habe Feuerwehr, Polizei und Notarzt gerufen, gewartet, bis sie kamen – und bin dann untergetaucht.«

Robins Vater musste schlucken, ebenso wie Robin.

Er nahm Robin fest in den Arm und drückte ihn. »Es tut mir so leid, Robin. Aber ich habe keine andere Möglichkeit gesehen, dich in Sicherheit zu bringen. Ich habe dich all die Jahre so sehr vermisst, dich aber auch nie aus den Augen gelassen.«

»Ich habe dich auch vermisst, Papa. So sehr! Wenn ich doch wenigstens gewusst hätte, dass du noch lebst.«

»Dann hättest du genau das getan, was du getan hast, als du es erfahren hast. Aus dem Heim abhauen und mich suchen«, erklärte sein Vater ihm, ohne die Umarmung zu lösen.

»Stimmt«, gab Robin zu.

Die beiden drückten sich nun schweigend. Zu lange hatten sie beide auf diesen Moment warten müssen.

Bruder Tuck kratzte sich an seinem unrasierten Kinn. »Und die jagen Sie seit neun Jahren?«

Robins Vater nickte. »Und haben mich nicht erwischt. Bis eben. Aber genau im richtigen Moment seid ihr gekommen.«

Robin spürte ein Gefühl von Erleichterung und Stolz in sich, aber auch von Angst, weil ihm erst jetzt so richtig bewusst wurde, dass sie seinem Vater vermutlich wirklich in letzter Sekunde das Leben gerettet hatten.

»Aber weshalb?«, hakte Bruder Tuck nach. »Haben Sie denn jetzt die Beweise wieder zusammen?«

»Zu einem großen Teil«, antwortete Robins Vater und zeigte auf die Umhängetasche über seiner Schulter mit den Unterlagen aus dem angekokelten Safe.

»Was ist mit den anderen beiden passiert?«, wagte nun Ronja nachzufragen.

Robins Vater zog kurz fragend die Augenbrauen hoch.

»Sie sagten, Sie waren ursprünglich vier Journalisten, die dem illegalen Müllhandel nachgingen«, präzisierte Ronja.

»Die anderen beiden waren ein Paar«, antwortete Robins Vater. »Claudia und Robert. Ungefähr zwei Monate nach dem Anschlag auf mich sind sie spurlos verschwunden. Ich habe nie wieder etwas von ihnen gehört.«

»Gut. Wir wissen jetzt genug«, sagte Bruder Tuck. »Wo wollen Sie die Unterlagen verstecken?«

»Erst einmal behalte ich sie bei mir«, antwortete Robins Vater. »Das ist wohl das Sicherste.«

Ronja schüttelte den Kopf. »Das glaube ich nicht.«

»Wie meinst du das?«, fragte Robins Vater verwundert nach.

Ronja erzählte, wie sie am Morgen Bruder Tuck und Robin schlafend vorgefunden hatte. »Denen hatte ich alles wegnehmen können, ohne dass sie es bemerkt hätten.«

»Was? Auf keinen Fall!«, wehrte Bruder Tuck ab.

»Oh doch!«, beharrte Ronja lachend.

Robins Vater kräuselte nachdenklich die Stirn. »Du hast wahrscheinlich nicht ganz unrecht.«

»Sie können *uns* die Papiere geben«, schlug Ronja vor. »Sie wissen ja, wo ich wohne. Ich verstecke die Papiere in meinem Zimmer, zwischen meinen Spielsachen.«

»Ich will euch da nicht mit hineinziehen«, betonte Robins Vater noch mal. Aber er merkte selbst sofort, dass dieses Ansinnen Quatsch war. Die Kinder und Bruder Tuck waren längst tief in den Fall verwickelt.

»Na schön«, sagte er schließlich zögerlich.

Ronja bemerkte, dass es Robins Vater schwerfiel, sich von den Papieren zu trennen.

»Haben Sie die Papiere nicht gescannt und irgendwo in einer Cloud gespeichert?«, fragte sie.

Robins Vater schüttelte den Kopf. »Dann bräuchte ich einen Account. Und über den wäre ich womöglich nachverfolgbar.«

»Dann mache ich das für Sie«, bot Ronja an.

»Danke«, sagte Robins Vater. »Aber die Original-Papiere hier sind dennoch wichtig. Es sind originale Behördendokumente dabei. Mit Stempel und Unterschriften. Digitalisiert könnte man sie fälschen. Aber auf die alte Art, mit Stempel und Unterschrift, gelten sie sicher als Original.«

Ronja verstand.

»Ich passe drauf auf!«, versprach sie. »Und scanne sie trotzdem.« Dann zwinkerte sie Robin zu.

Robin nickte, aber Ronja merkte, dass ihn etwas bedrückte.

Sie musste nicht nachfragen. Robin schielte zu seinem Vater, und Ronja begriff: Robin hätte es am liebsten gehabt, seinen Vater zu sich ins Gartenhaus zu holen. Aber er hatte wohl im selben Moment eingesehen, dass das zu gefährlich war. Es war schon riskant genug, Robin im Gartenhaus zu verstecken, ohne dass ihre Mutter etwas bemerkte. Ein-, zweimal wäre ja selbst das schon beinahe schiefgegangen. Und jetzt noch einen erwachsenen Mann dort verstecken? Nein, das würde nicht gut gehen. Außerdem war sein Vater ja gerade schon einmal gefunden worden. Er könnte also durchaus wieder aufgespürt werden.

»Wo schläfst du?«, fragte Robin nun direkt bei seinem Vater nach.

»Es ist besser, nur ich weiß das«, antwortete sein Vater.

Ronja kannte eigentlich schon die Antwort, aber sie fragte trotzdem: »Ich nehme an, Sie haben kein Handy?«

Robins Vater schüttelte den Kopf. »Zu leicht zu orten.«

»Wann sehen wir uns wieder?«, fragte Robin. »Können wir uns nicht jeden Morgen zu einer bestimmten Uhrzeit treffen?«

»Ich melde mich bei dir. Versprochen. Das ist das Sicherste«, sagte sein Vater.

Robin schluckte tapfer seine Enttäuschung herunter.

Nach so vielen Jahren hatte er endlich seinen Vater getroffen. Und nun sollten sie sich schon wieder trennen?

Das war furchtbar.

Ronja ging auf ihn zu, legte ihren Arm um ihn und flüsterte ihm zu: »Du bist losgezogen, um deinen Vater zu suchen. Du hast es geschafft, du hast ihn gefunden. Du kannst stolz auf dich sein!«

Obwohl Ronja leise gesprochen hatte, hatte Robins Vater es gehört.

»Sie hat recht, Robin. Ich verspreche, schon morgen sehen wir uns wieder.«

Das war ein Wort, fand Robin.

Und so ließ er seinen Vater ziehen.

Sie verließen das Café, überquerten gemeinsam über die Brücke das Wasser und gingen dann in verschiedene Richtungen davon.

Robin drehte sich immer wieder nach seinem Vater um, der stehen geblieben war und seinem Sohn zum Abschied winkte, solange er ihn sah.

BEDROHUNG VON ALLEN SEITEN

Bruder Tuck wollte noch im Entenwerder Park bleiben.

Ronja sah in ihrem Smartphone nach und entdeckte nur hundert Meter entfernt einen freien E-Roller, den sie buchte. So fuhren die beiden Kinder in gemäßigtem Tempo auf dem Roller zum Bahnhof Rothenburgsort, sodass Little John locker mithalten konnte.

Robin wusste ja, dass Ronja aus reichem Hause stammte. Aber leider sah man es ihr auch an. Es war so gesehen kein Zufall gewesen, dass Robin Ronja das erste Mal in einer der teuersten Boutiquen der Stadt getroffen hatte.

Robin selbst hatte eigentlich gar keinen Blick für so etwas. Er kannte sich mit Markenklamotten oder den neuesten Smartphones nicht aus. Ganz anders als zwei andere Jugendliche, die auf Ronja aufmerksam wurden, als sie am S-Bahnhof ankamen, Ronja den E-Roller abstellte und sich mit dem Smartphone abmeldete. Ihre Kennerblicke erkannten sofort, dass Ronja eines der neuesten, sündhaft teuren iPhones besaß.

Nun galt der S-Bahnhof Rothenburgsort nicht unbedingt als gefährlich. Dazu war er viel zu klein, und es war viel zu wenig los. Insofern musste man es wohl eher als blöden Zufall verbuchen, dass diese beiden Jugendlichen ausgerechnet in dem Augenblick auf den Bahnhof zugingen, als Ronja an ihrem iPhone hantierte.

Seit Robin aus dem Kinderheim abgehauen war und sich ja immer noch auf der Flucht vor dem Jugendamt und der Polizei befand, hatte er ein Gespür für Gefahrensituationen entwickelt. Als er die beiden Jugendlichen heranschlendern sah, bemerkte er deren Blicke sofort und auch, wie der eine den anderen an der Seite antippte, als wollte er sagen: »Siehst du auch, was ich sehe?«

»Achtung!«, zischte Robin Ronja zu.

»Was meinst du?«, fragte Ronja, während sie ihr iPhone einsteckte.

Robin nickte mit dem Kopf, um unauffällig auf die beiden Jugendlichen zu zeigen.

Ronja begriff, wen er meinte, aber nicht, warum.

»Was ist mit denen?«, fragte sie.

»Gefahr!«, flüsterte Robin. »Lass uns schnell zum Bahnsteig hochgehen.«

»Ich muss dir erst eine Fahrkarte kaufen«, antwortete Ronja.

»Keine Zeit«, widersprach Robin. »Die beiden bedeuten Ärger.«

Little John begann schon, die Ohren zu spitzen.

»Ich habe keine Lust, dass du beim Schwarzfahren erwischt wirst. Das kostet erstens sechzig Euro. Und zweitens nehmen die deine Personalien auf. Und dann ...«

»Ja, ja, ich weiß«, unterbrach Robin sie. Dann würden die Kontrolleure möglicherweise schnell merken, dass er gesucht wurde.

Aber nun war es ohnehin zu spät. Die beiden Jugendlichen hatten sie erreicht.

Robin schätzte sie auf das Alter von Bernd Ross, dem Widerling, der seinem besten Freund Jonas im Heim ständig Ärger bereitete.

Das Gute war, dass Robin diesem viel größeren und stärkeren Bernd Ross immer die Stirn hatte bieten können.

Und Ronja hatte Robin einmal sogar vor dem Schein-Detektiv gerettet, indem sie dem eine Bratpfanne über den Schädel gezogen hatte.

Deshalb sah Robin in den beiden Jugendlichen zwar immer noch eine Gefahr, aber wirkliche Angst verspürte er nicht. Obwohl die beiden noch viel kräftiger und muskulöser wirkten als Bernd Ross. Beide trugen T-Shirts, unter denen ihre aufgepumpten Armmuskeln gut erkennbar waren.

»Hey! Du hast da aber ein feines iPhone in deiner Tasche«, ging der eine mit den kürzeren Haaren auf Ronja zu. »Darf ich mal sehen?«

»Hast du noch nie ein iPhone gesehen?«, fragte Ronja mutig zurück.

In der leichten Vibration ihrer Stimme erkannte Robin

allerdings, dass sie deutlich mehr Angst hatte, als sie zugab.

»Nee«, ging der Jugendliche auf ihren Spruch ein. »Deshalb zeig mal!«

Dieses Mal wartete er nicht auf eine Antwort, sondern packte Ronja am Arm, riss sie zu sich und versuchte, ihr in die hintere Hosentasche zu greifen, wo ihr iPhone steckte.

»HEY!«, brüllte Ronja, trat nach ihm und versuchte, ihn von sich wegzuschubsen.

Doch der Junge stand da wie ein tief verwurzelter Baum und griff erneut nach ihrer Hosentasche.

»Finger weg!«, brüllte Ronja ihn an.

Little John fing an, den Jugendlichen anzubellen und zu knurren.

»Lass sie in Ruhe!«, drohte Robin und wollte auf den Jungen losgehen. Doch der zweite versperrte ihm mit ausgestrecktem Arm den Weg und zog plötzlich mit der anderen Hand ein langes Messer hervor. Darauf war Robin nicht vorbereitet. Und das kannte er auch nicht. So hart seine Auseinandersetzungen mit Bernd Ross mitunter auch waren, Messer waren dabei noch nie zum Einsatz gekommen.

Robin wich erschrocken einen Schritt zurück. Jetzt hatte auch er Angst.

Little John allerdings sprang auf den Jugendlichen zu, kläffte, knurrte, wich dann aber doch wieder zurück. Auch er spürte offenbar die besondere Gefahr.

Robin sah, wie Ronja ihren Kampf verlor. Der Jugendliche hatte bereits ihr iPhone in der Hand. Das konnte er doch nicht so tatenlos durchgehen lassen! Er musste seiner Freundin beistehen. Auch Ronja ballte wütend die Fäuste, sah aber auch das Messer in der Hand des zweiten Angreifers. Ein kurzer Blickwechsel zwischen Robin und Ronja – und Robin wusste: Auch Ronja wollte nicht das Risiko eines Kampfes eingehen. Obwohl sie gerade einen viel gefährlicheren Gegner überwältigt und damit Robins Vater das Leben gerettet hatten. Aber die Erwachsenen hatten mitgekämpft. Und: Ein iPhone oder etwas Geld waren es nicht wert, die eigene Gesundheit oder gar sein Leben aufs Spiel zu setzen. Er sah die Sache jetzt genauso wie Ronja offenbar auch und nickte ihr zu.

Ronja unternahm einen letzten zaghaften Versuch, ihr Handy behalten zu dürfen. »Ich brauche das iPhone wirklich. Damit meine Mutter mich erreichen kann.«

Die beiden jugendlichen Straßenräuber grinsten böse. Doch plötzlich:

»HEY!«, rief eine tiefe, raue Stimme.

Dann ertönte das Klirren einer zerbrechenden Flasche.

Alle drehten sich zur Seite. Dort kam plötzlich Bruder Tuck auf sie zu. In Begleitung eines zweiten Obdachlosen, dessen Kleidung zwar äußerst verwahrlost und schmutzig war, dessen Statur aber durchaus fit und kräftig wirkte. Der Mann war noch größer als Bruder Tuck, allerdings bei Weitem schlanker und drahtiger.

Und – er hielt eine zerbrochene Flasche als Waffe in der Hand.

»Glaubt mir, mit mir wollt ihr euch nicht anlegen!«, warnte er die beiden Jugendlichen und ging nah an sie heran. Bruder Tuck baute sich mit seiner ebenfalls mächtigen Statur neben ihm auf.

Ehe die beiden Jugendlichen begriffen, was los war, und reagieren konnten, hatte Bruder Tucks Kumpel dem einen bereits das Messer aus der Hand getreten, das klirrend zu Boden fiel. Gleichzeitig hielt er drohend die scharfkantige, zerbrochene Flasche in die Höhe.

Bruder Tuck schlug seinen Mantel beiseite. Sichtbar wurde nun, dass er eine Pistole im Gürtel stecken hatte, auf die er nun seine Hand legte, jederzeit bereit, die Waffe zu ziehen.

Robin erkannte: Das war die Waffe, die Bruder Tuck dem bewusstlosen Arndt Spalter abgenommen hatte.

Er und Ronja wichen vorsichtig beiseite, während Bruder Tucks Kumpel weiterdrohte.

»Was meint ihr, wie vielen von euch Flitzpiepen ich schon den Arsch versohlt habe! Wollt ihr die Nächsten sein? Ein kleines Mädchen zu überfallen! Schämt ihr euch gar nicht, ihr Pfeifen? Das sind Kinder!«

Die Jugendlichen starrten ihn nur an, unschlüssig, was sie tun sollten.

»Ich habe nichts zu verlieren, wie ihr seht. Mir ist es schnurz, wie viele Narben ich im Gesicht habe. Und ihr? Geht es euch genauso?«

Robin erkannte nun erst, dass der Mann nicht übertrieb. Sein Gesicht war zerfurcht von lauter Falten und alten

Narben. Seine nahezu lückenlos tätowierten Arme ließen kaum noch ein Stückchen natürliche Haut durchscheinen. Unter anderem erkannte man ein Segelschiff, Flaggen, asiatische Schriftzeichen, Totenköpfe, eine Meerjungfrau. Offenbar ein ehemaliger Seefahrer oder vielleicht sogar ein echter Pirat?, schoss es Robin durch den Kopf.

Die beiden Jugendlichen schienen ebenso beeindruckt zu sein wie Robin und Ronja.

Noch mehr, als sie nun sahen, wie hinter dem alten Piraten zwei weitere Obdachlose wie aus dem Nichts auftauchten, die ebenfalls sehr verwegen aussahen und deutlich ihre Kampfbereitschaft signalisierten.

Die beiden Jugendlichen schickten sich endlich an zu gehen.

Doch der Obdachlose hielt sie zurück. Und nickte mit dem Kopf.

Der eine Jugendliche verstand, zog das iPhone hervor und gab es Ronja zurück.

Dann erst ließ der Mann die beiden gehen.

Robin und Ronja sahen ihnen nach und warteten, bis sie weit genug entfernt waren.

»Danke«, sagte Robin dann. »Wo kamt ihr so plötzlich her? Und wieso …?«

Bruder Tuck unterbrach ihn: »Das sind Freunde von mir, die sich oft hier im Entenwerder Park und in der Umgebung Rothenburgsort aufhalten. Eigentlich wollte ich sie nur besuchen. Aber dann hatte ich plötzlich so ein komisches Gefühl im Bauch.«

»Du hast wirklich magische Kräfte«, behauptete Ronja. »Zumindest telepathische. Vielen Dank jedenfalls!«

»Quatsch«, widersprach Bruder Tuck. »Also, kommt heil nach Hause. Gute Fahrt!« Dann drehte er sich um und zog gemeinsam mit den anderen Obdachlosen wieder von dannen.

Ronja hatte recht, dachte Robin bei sich. Auf welche mystische Weise es Bruder Tuck auch immer hinbekam, irgendwie hatte er ständig ein beschützendes Auge auf ihn.

Robin und Ronja war bewusst, dass Bruder Tuck und seine Kumpels eben nicht nur sie beide beschützt hatten, sondern vor allem die brisanten Papiere von Robins Vater, die Ronja bei sich trug. Sie stiegen in die S-Bahn, fuhren bis zur Station Berliner Tor, stiegen dort um und dann weiter bis in die Walddörfer hinein.

Am Bahnhof Volksdorf wollte Ronja wieder einen E-Roller buchen. Doch es war keiner frei. Also gingen sie die Strecke zu Fuß. Weit hatten sie es nicht. Gleich waren sie in Ronjas Zuhause und damit sicher.

Zumindest dachten sie das.

Bis sich etwa fünfhundert Meter vor Ronjas Haus plötzlich Little John umdrehte, schaute, kurz überlegte, dann zehn Meter zurücklief und zu kläffen begann.

»Was ist los mit ihm?«, fragte Ronja.

Doch dann sah sie es selbst. Gut hundert Meter hinter ihnen sprang ein Mann vom Bürgersteig schnell hinter ein parkendes Fahrzeug. Aber zu langsam, als dass Ronja und Robin es nicht noch gesehen hätten.

Little Johns Nackenfell sträubte sich, er begann zu knurren und zu bellen und fletschte die Zähne.

Nur dadurch kam Robin auf die Idee: »Ist das etwa dieser Detektiv-Gangster?«

»Was?«, entfuhr es Ronja. »Nein! Wie sollte der hierhergefunden haben? Der war doch bewusstlos, als wir gingen. Der kann gar nicht wissen, wo ich wohne.«

Little John ließ nicht nach. In aggressiver Angriffsstellung stand er da.

»Was, wenn er am Ende gar nicht bewusstlos war?«, wandte Robin ein. »Er hat nur so getan und alles mit angehört, was wir besprochen haben. Und als wir losgegangen sind, ist er uns gefolgt. Wir hätten ihn doch nicht einfach so liegen lassen sollen. Little John täuscht sich nicht. Der hat ihn erkannt!«

»Aber wieso hat er ihn nicht schon auf dem Weg hierher bemerkt?«, fragte Ronja.

Robin wusste es nicht. Dafür gab es viele Möglichkeiten. Vermutlich hatte ihr Verfolger einfach nur genügend Abstand gehalten, und dann im Stadtverkehr ... Letztlich war es auch egal. Der Typ war da, und sie mussten überlegen, wie sie damit umgehen sollten.

Ronja sah sich verstohlen zu ihrem Haus um.

»Wenn er uns gefolgt ist, dann weiß er nicht, in welcher Straße und in welchem Haus ich wohne«, erklärte sie. »Lass uns also bei uns vorbeigehen und ihn in die Irre führen. Wir gehen drei Straßen weiter und versuchen, ihn dort abzuschütteln.«

»Und wie?«

»Komm erst mal mit«, sagte Ronja. »Möglichst unauffällig. Tun wir so, als hätten wir ihn nicht gesehen. Und ruf Little John zurück.«

Robin pfiff nach Little John, der wie immer aufs Wort gehorchte, obwohl es ihm vermutlich gar nicht recht war, den bösen Verfolger nicht anzugreifen.

Ronja und Robin gingen nun nebeneinander her an ihrer Einfahrt vorbei, wobei sie sich bemühten, so zu tun, als hätten sie mit ihrem Haus rein gar nichts zu tun.

Little John hatte die Entscheidung seines Herrchens akzeptiert und lief nun voran. Aber zwischendurch drehte er sich immer wieder nach hinten um. Daraus schloss Robin, dass ihr Verfolger ihnen auf den Fersen blieb. Er selbst wagte es nicht, sich nach ihm umzuschauen.

»Da vorn rechts«, flüsterte Ronja Robin zu. »Dann links, dann wieder rechts. Da gibt es einen kleinen Spielplatz. Dort bleiben wir einen Moment, als wollten wir uns mit jemandem treffen. Dann können wir hinten raus durch einen schmalen Pfad abhauen. Ehe er merkt, dass wir getürmt sind, sind wir schon weg, und er wird uns nicht wiederfinden.«

»Okay«, stimmte Robin zu. Ronja kannte sich in dieser Wohngegend aus, er nicht. Also verließ er sich auf sie. Er rief Little John eng bei Fuß zu sich.

Dann bogen sie in die nächste kleine Seitenstraße rechts ein. Dabei schaute Robin möglichst unauffällig aus dem Augenwinkel zurück. Tatsächlich sah er ihren Verfolger, der etwas mehr Abstand gelassen hatte. Bestimmt 150 oder zweihundert Meter. Das konnte ihre Chance sein.

»Wenn wir schnell sind, können wir in die nächste Straße links einbiegen, bevor er um die Ecke kommt und uns sieht«, schlug Robin vor.

»Gute Idee!«, antwortete Ronja.

Sie gingen betont lässig weiter, bis sie ganz um die Ecke herum waren. Das hieß zwar, dass ihr Verfolger sie jetzt nicht mehr sehen konnte. Aber umgekehrt eben auch nicht. Robin ging fest davon aus, dass ihr Verfolger – nun im Sichtschatten – ebenfalls einen Sprint einlegen würde.

»Also los!«, spornte er Ronja an. »Vollsprint!«

Die beiden rannten los, so schnell sie konnten.

Zum großen Spaß für Little John, der sofort volles Tempo aufnahm, mit den Kindern mitlief und zwischendurch immer wieder freudig und ausgelassen an Robin hochsprang.

»Hier links hinein!«, wies Ronja Robin an.

Die beiden rannten um die Kurve und – mussten scharf abbremsen.

Denn ihnen kam eine Mutter mit ihrem Kinderwagen entgegen. Um ein Haar hätten sie den Wagen umgerannt. Robin konnte gerade noch rechtzeitig beiseitespringen.

»Um Himmels willen, Kinder!«, rief die Mutter erschrocken.

Dann erst erkannte sie das Nachbarsmädchen. »Ronja, du meine Güte. Was rast ihr denn so, als würdet ihr verfolgt?«

»Ha, ha!«, antwortete Ronja spontan. »Entschuldigung, Frau Riesmöller. Wir spielen Fangen. Tschühüüüß. Und nochmals Entschuldigung.«

Dann rannten die beiden weiter.

Robin fragte sich, ob ihr Verfolger die Mutter fragen und die ihm verraten würde, wo sie langliefen. … *als würdet ihr verfolgt.* Ha, ha, sehr witzig. Wenn die gewusst hätte!

Während sie die Seitenstraße entlangliefen, drehte sich Robin immer wieder nach hinten um. Noch war ihr Verfolger nicht zu sehen. Er schaute wieder nach vorn und – Ronja! Wo war sie? Eben war sie noch vor ihm gelaufen, jetzt war sie verschwunden!

Robin schaute sich nach allen Seiten um.

Plötzlich tauchte sie aus einem sehr schmalen Seitenweg auf, an dem er soeben glatt vorbeigelaufen war.

»Wo bleibst du denn?«, fragte Ronja.

Robin kehrte um, lief zu ihr. Dann ging es gemeinsam weiter durch den engen Weg, der direkt zu dem angekündigten Spielplatz führte.

Darauf fanden sich ein kleines Karussell, eine Rutsche, eine große Sandkiste und hinter der Rutsche ein kleines Kinderhaus aus Holz.

Ronja ging in die Hocke und versteckte sich kurz dahinter. Dann zog sie Robin zu sich herunter.

»Meinst du, wir sind ihn los?«, fragte Robin.

»Schon möglich«, antwortete Ronja.

Durch das Holzhäuschen hindurch konnte sie den Spielplatz überblicken, vor allem aber sehen, wenn jemand den engen Sandweg entlangkam, durch den sie eben auch gelaufen waren.

»Wenn er kommt, trennen wir uns«, schlug Ronja vor. »Ich dort entlang, du dort in die entgegengesetzte Richtung. Dann kann er nur einen verfolgen und muss sich entscheiden.«

»Okay«, stimmte Robin zu. »Und dann Treffpunkt bei dir?«

»NEIN!«, wehrte Ronja entschieden ab. »Das Risiko ist zu hoch, dass wir ihm unsere Adresse verraten. Versteck dich einfach in irgendeinem Garten, an dem du vorbeikommst. Dann wird er denken, dort wohne ich.«

Robin nickte zustimmend. Aber wohl war ihm dabei nicht. Erstens hatte er keine Ahnung, in welchen der Wohnhäuser gerade jemand anwesend war und in welchen Gärten ein Hund wachte. Und wie und wohin er fliehen sollte, falls er dort entdeckt werden würde, wusste er auch nicht.

Doch es kam niemand den Weg entlang.

Die beiden warteten zunächst fünf Minuten, dann noch mal fünf.

Dann entschied Robin: »Der kommt nicht mehr. Wir haben ihn abgehängt.«

Ronja nickte. »Ja. Aber das Problem ist, wir wissen auch nicht, wo *er* ist. Vielleicht sucht er uns noch. Vielleicht hat er es aufgegeben. Keine Ahnung. Aber wenn wir jetzt zu unserem Haus zurückgehen, könnten wir ihm jederzeit in die Arme laufen, wenn wir Pech haben. Und nicht vergessen: Er hätte, ohne mit der Wimper zu zucken, deinen Vater umgebracht. Der würde uns auch nicht verschonen, zumal wir die Papiere bei uns haben. Wir dürfen uns von ihm auf gar keinen Fall erwischen lassen.«

»Okay«, wollte Robin gerade sagen, als unmittelbar hinter ihnen plötzlich eine Männerstimme ertönte: »Habe ich euch also!«

Robin und Ronja fuhren erschrocken herum. Da stand er vor ihnen, der Verfolger – siegessicher grinsend.

»Ich war früher mal Pfadfinder«, behauptete er. »Mich kann man so leicht nicht irreführen.«

Robin überlegte gar nicht erst, ob das ein müder Scherz war oder eine wahre Geschichte aus seinem Leben. Aber das war auch gar nicht wichtig. Sie durften sich nicht erwischen lassen! Das war die Forderung, die Ronja gerade eben noch ausgesprochen hatte.

Der Verfolger blickte abschätzig grinsend auf die beiden Kinder herab.

Robin schaltete blitzartig. Es war ganz offensichtlich, dass der Mann in diesem Moment mit keiner Gegenwehr rechnete. Genau diesen Augenblick nutzte Robin. Er griff in den Sand, nahm eine Handvoll auf und schleuderte sie dem Verfolger ins Gesicht.

Der schrie ganz kurz auf, hielt sich die Hände vors Gesicht und fluchte: »Was zur Hölle …? Verdammt!«

»Weg hier!«, rief Robin.

Er und Ronja sprangen auf, schubsten den taumelnden

Mann noch einmal um, sodass er rückwärts in den Sand fiel, und rannten, so schnell sie konnten, den engen Gang zurück, fort vom Spielplatz, auf dem sich der Mann nur langsam aufrappelte und sich unter schweren Flüchen den Sand aus den Augen kratzte.

GRUNDWASSER IN GEFAHR

Ronja, Robin und Little John hetzten durchs Wohngebiet. Ihr Verfolger war so überraschend bei ihnen aufgetaucht, dass sie sich immer noch nicht trauten, zu Ronja nach Hause zu laufen.

»Wohin sollen wir denn jetzt?«, fragte Robin, als sie an der Kreuzung zweier kleiner Straßen kurz stehen blieben.

Ronja überlegte. Dann: »Ich habe eine Idee. Komm!«

Sie rannte wieder los.

Robin wusste nicht, wohin, aber er folgte ihr. Er fand lediglich, dass sie langsamer geworden waren.

»Sollten wir uns nicht beeilen?«, fragte Robin. »Der Typ kann jederzeit um die Ecke kommen, und dann sieht er uns wieder.«

»Wir dürfen uns auf keinen Fall erwischen lassen«, wiederholte Ronja. Denn noch immer trug sie die wichtigen Dokumente bei sich. Und Robins Vater hatte ihr doch eindringlich eingeschärft, wie wichtig die Originale waren. Wenn sie jetzt also die Tasche verlor, dann war alles vorbei. »Aber sehen soll er uns ruhig. Deshalb gehen wir jetzt langsamer.«

»WAS?«, fragte Robin entsetzt. »Wieso soll er uns sehen?«

»Warte ab!«, antwortete Ronja.

Wenige Meter weiter waren sie bereits am Ziel. Ronja blieb mitten auf der Straße stehen. Sie zeigte auf ein Haus, dessen Garten von einer hohen, blickdichten Hecke umschlossen war. »Versteck du dich hinter der Hecke da. Die Leute, die dort wohnen, sind im Urlaub, soweit ich weiß.«

»Ich? Und was ist mit dir?«, fragte Robin.

»Ich komme nach«, versprach Ronja. »Geh schon!«

Zögerlich ging Robin hinüber in den fremden Garten und versteckte sich hinter der Hecke.

»Nimm Little John mit und halt ihn gut fest!«, rief Ronja ihm nach.

Robin pfiff nach Little John, der wie immer sofort gehorchte und sich neben sein Herrchen setzte. Beide lugten nun um die Ecke, um zu sehen, was Ronja vorhatte.

Doch Ronja winkte heftig mit dem Arm zur Seite. »Little John darf nicht zu sehen sein!«

Robin kam nicht mehr dazu nachzufragen, weshalb nicht. Ronja winkte ihm noch heftiger zu, dass er sich beeilen sollte, Little John zu verstecken.

Robin nahm den Hund beiseite, rückte selbst auch noch ein Stückchen weiter hinter die Hecke und schielte nur noch mit einem Auge um die Hecke herum. Gleichzeitig hielt er Little John fest im Griff.

Ronja ging nun aufs gegenüberliegende Haus zu, stellte sich dort vor die Gartentür und betätigte zwei-, dreimal die Klinke, ohne die Gartentür aber zu öffnen. Nur, dass man die Klinke deutlich hörte.

Plötzlich schoss hinter dem Haus ein zähnefletschender Rottweiler hervor und raste aufs Gartentor zu.

Du meine Güte!, dachte Robin. Ob Ronja damit gerechnet hatte? Er überlegte, ob er aus seinem Versteck herauskommen sollte, um Ronja zu helfen und vor dieser Bestie zu schützen. Doch dann entschied er, sich noch weiter zurückzuziehen und Little John noch fester zu halten.

Vielleicht war der Rottweiler der Grund, weshalb er Little John verstecken sollte? Hatte Ronja etwa von dem bissigen Wachhund gewusst? Es schien so.

Denn als der Rottweiler am Gartentor angekommen war, hörte er auf, die Zähne zu fletschen, und begann stattdessen, aufgeregt und freudig mit dem Schwanz zu wedeln.

Ronja langte über den Gartenzaun und streichelte den Hund, der nun seine Vorderpfoten übers Tor legte und die Streicheleinheiten genoss.

Ronja schaute nach links und sah ihren Verfolger um die Ecke kommen. Als der Ronja entdeckte, legte er einen Schritt zu.

Ronja wartete noch und flüsterte dem Rottweiler etwas zu.

Als der Verfolger sich näherte und vielleicht nur noch so zwanzig Meter entfernt war, öffnete Ronja das Gartentor.

Sofort schoss der Rottweiler auf den Mann zu.

Der brauchte eine Schrecksekunde, dann begriff er, in welcher Lage er sich befand.

Postwendend drehte er um und lief, so schnell er konnte, davon.

Das nützte natürlich nichts. Der Rottweiler war viel schneller und hatte ihn rasch eingeholt. Doch er griff den Verfolger nicht an, sondern beschränkte sich darauf, den Mann vor sich herzutreiben, bis er um die Ecke, von der er gekommen war, wieder verschwand.

Robin wartete einen Augenblick.

Ronja winkte ihm zu. »Kannst rauskommen. Der kommt so schnell nicht wieder.«

Robin und Little John gingen zu ihr.

»Nichts für ungut«, entschuldigte sich Ronja mit Blick auf Little John. »Aber für diese Aktion wäre Little John doch ein wenig zu klein gewesen, denke ich.«

Robin schmunzelte. »Du kennst den Rottweiler?«

»Ja, sehr gut sogar«, antwortete Ronja. »Du weißt ja, ich darf kein Haustier haben – obwohl mein Vater Tierarzt ist. Ich liebe Tiere. Und deshalb führe ich Wachtmeister öfter aus oder komme hierher in den Garten, um mit ihm zu spielen.«

»Der Rottweiler heißt Wachtmeister?«, fragte Robin ungläubig nach.

»Ja«, antwortete Ronja lächelnd. »Die Besitzer meinen, der Name passt. Und Fremde wissen gleich, woran sie sind.«

»Und was macht der Rottweiler jetzt mit dem Typen?«, wollte Robin noch wissen. »Zerfleischt er ihn?«

»Um Himmels willen, nein!«, stieß Ronja entsetzt aus. »Was hast du denn für Ideen?«

Robin zog entschuldigend die Schultern hoch. Er hätte es dem Rottweiler glatt zugetraut.

»Nein, nein«, stellte Ronja noch mal klar. »Er verjagt ihn nur. Wenn der Typ sich allerdings wehren und versuchen würde, Wachtmeister anzugreifen, dann würde er zubeißen und kämpfen. Das also würde ich unserem Scheindetektiv nicht raten.«

Little John wedelte mit dem Schwanz und bellte zweimal kurz.

Das bedeutete, er hatte den Rottweiler entdeckt, der jetzt die Straße entlanggelaufen kam, ohne den Mann.

»Little John scheint ihn zu mögen«, stellte Robin erleichtert mit Blick auf Little Johns wedelnden Schwanz fest. »Hoffentlich stößt das auf Gegenliebe.«

»Bestimmt!«, beteuerte Ronja. »Wachtmeister ist eine gute Seele. Nur Angreifer und Einbrecher, die hält er sehr gekonnt vom Haus fern.«

»Schon sehr praktisch, so ein Hund«, sagte Robin.

Ronja nickte ihm zu. »Allerdings. Aber sag das mal meiner Mutter.«

Ronja war sicher, dass Spalter das Weite gesucht und die Verfolgung aufgegeben hatte.

»Ich denke, wir können jetzt zu uns nach Hause gehen«, sagte sie, während sie den Rottweiler wieder zurück in dessen Garten führte.

Aus der Haustür kam eine Frau mit gepflegter Frisur und teurer Kleidung. So schien es Robin jedenfalls. Offenbar die Besitzerin des Hauses.

»Hallo, Ronja!«, rief sie und winkte.

»Hallo, Frau Ebers!«, grüßte Ronja. »Ich habe nur kurz Wachtmeister Guten Tag gesagt. Leider habe ich heute aber keine Zeit, mit ihm zu spielen.«

»Kein Problem«, antwortete die Frau. »Ruf an, wenn du mit ihm rausgehen willst.«

»Mache ich!«

Die Frau ging zurück ins Haus. Der Rottweiler hatte wohl auch begriffen, dass heute keine Zeit zum Spielen war. Und obwohl Little John mit Robin mitten auf der Straße stand, kümmerte sich der Rottweiler, der zurück nach hinten in den Garten trottete, gar nicht um ihn.

»Wir sollten weiterhin vorsichtig sein«, wandte sich Ronja jetzt wieder an Robin. »Wenn der Typ zwar auch nicht genau weiß, wo unser Haus steht, so weiß er immerhin jetzt von unserer Gegend. Bestimmt kehrt er irgendwann zurück.«

Als sie an Ronjas Haus ankamen, sahen sie sich noch mal sehr genau um. Aber von dem Verfolger war nichts mehr zu sehen. Auch Ronjas Mutter war noch nicht zu Hause.

»Gut, schnell nach drinnen!«, sagte Ronja. Sie schloss die Tür auf, ließ Robin und Little John herein, folgte ihnen, schloss die Tür und – hörte ihre Mutter von oben aus dem Badezimmer rufen: »Ronja? Bist du da?«

»Verdammt!«, fluchte Ronja leise, gab Robin einen Schubs und flüsterte: »Los! Los! Durch die Terrassentür in der Küche. Raus hier. Geh ins Gartenhaus. Schnell!«

»RONJA?«, rief ihre Mutter erneut.

»Jahaaa! Ich bin da!«, rief Ronja. »Wo ist denn dein Auto?«

»In der Werkstatt. Das rechte Vorderlicht ging nicht mehr. Ich kann ihn aber morgen schon wieder abholen«, kam die Antwort von oben.

Ronja hörte, wie ihre Mutter aus dem Badezimmer kam und mit ihren Pumps über den Parkettboden des oberen Flurs klackerte. Panisch sah sie zu Robin, der noch in der Küche vor der Terrassentür stand, und machte ihm mit wischenden Handbewegungen klar, dass er sich beeilen sollte.

Zu allem Überfluss bellte auch noch Little John, weil es ihm nicht schnell genug ging, wie Robin die Tür öffnete. Er wollte in den Garten.

»Was war das denn?« Ihre Mutter stand nun oben an der Treppe, während Robin in der Küche hastig die Tür öffnete, hinaushuschte und im vollen Sprint rüber zum Gartenhaus hetzte. »Kam das von hier? Hast du einen Hund mitgebracht?«

»Nein!«, versicherte Ronja und versuchte zu scherzen: »Das war ich. Ich hab eben noch drüben mit Wachtmeister gespielt und wollte dich erschrecken.«

»Sehr witzig!«, frotzelte ihre Mutter und kam dabei die Treppe hinuntergeklackert.

Ronja warf noch einen schnellen Blick hinaus in den Garten, wo Robin und Little John soeben die Tür des Gartenhauses hinter sich schlossen. Sie atmete durch.

Da kam ihre Mutter schon hinein. »Ich muss leider noch mal kurz los, Schatz. Taxi ist schon bestellt. Ich habe dir etwas zu essen auf den Herd gestellt. Das brauchst du nur warm zu machen.«

»Du hast gekocht?«, fragte Ronja. »Wie lange bist du denn schon hier?«

»Nein. Es ist vom Thailänder in der Innenstadt. Aber du musst es wirklich nur kurz aufwärmen. Am besten in der Mikrowelle.«

»Okay«, sagte Ronja.

Ihre Mutter wollte zur Garderobe, um sich eine Jacke überzuziehen. Doch dann stutzte sie. »Was hast du denn da für eine Tasche in der Hand?«

»Öh …«, stotterte Ronja. Ihr fiel verflixt noch mal spontan keine passende Antwort ein.

Ihre Mutter erwartete aber eine, wie Ronja an ihren hochgezogenen Augenbrauen erkannte.

Ronja grübelte und antwortete schließlich: »Habe ich mit Robin getauscht!«

Die Augenbrauen der Mutter blieben oben. »Wieso getauscht? Und wer ist Robin?«

»Aus meiner Parallelklasse«, schwindelte Ronja. Obwohl: So übermäßig war es ja gar nicht geschwindelt.

Robin ging nur auf eine andere Schule. »Er fand meinen Rucksack so cool und hat gefragt, ob er ihn mal einen Tag ausprobieren dürfte.«

»Und dafür trägst du jetzt zur Schule so eine alte schäbige Aktentasche?«, fragte ihre Mutter. Die Augenbrauen senkten sich, dafür rümpfte sie nun die Nase.

»Jetzt weißt du, warum er meinen Rucksack so cool findet«, antwortete Ronja. Ihre alte Schlagfertigkeit war wieder da.

In dem Moment läutete es an der Haustür. Der Taxifahrer war da. Ihre Mutter warf sich die Jacke über, schnappte sich ihre Handtasche, drückte ihrer Tochter ein Küsschen auf die Wange und versprach: »Gegen neun bin ich zurück. Geh aber brav um halb neun ins Bett, hörst du? Ich schaue dann nachher noch zum Gute-Nacht-Sagen bei dir rein.«

»Gute Nacht!«, sagte Ronja.

Ihre Mutter ging zur Tür hinaus, was Ronja gut passte.

Einen Augenblick wartete sie noch, bis sie hörte, wie das Taxi davonfuhr.

Dann stürzte sie durch die Küche hinaus zum Gartenhaus.

»Bis ungefähr halb neun haben wir Zeit«, teilte Ronja Robin mit, der gerade eine Dose für Little John öffnete.

»Wofür?«, fragte Robin.

»Na, zum Einscannen der Dokumente. Du hast doch vorhin gesehen, wie leicht wir sie verlieren könnten.«

Sie öffnete die Aktentasche, holte den Stapel Papiere heraus, öffnete die Scanner-App im Handy und legte sofort los.

»Den ganzen Stapel willst du einzeln durchscannen?«, fragte Robin entgeistert.

»Hast du eine bessere Idee?«, fragte Ronja zurück.

Nein, hatte er nicht.

Während Robin ihr die einzelnen Seiten reichte und Ronja sie scannte und damit sicherte, warfen sie beide immer wieder einen Blick auf einzelne Dokumente. Irgendwann stieß Ronja auf eines, welches das Ergebnis der damaligen Bodenproben zeigte.

»Alles in Ordnung mit dem Boden, steht hier«, fasste Ronja zusammen. Sie blätterte sich durch die folgenden Seiten. Doch schon nach den nächsten drei Seiten ging es nicht mehr um die Proben. Sie unterbrach das Lesen und schaute Robin an: »Ich glaube, dein Vater hat keine Ahnung davon, dass die Proben vermutlich heimlich vertauscht wurden, wie die Zirkusleute behaupten.«

»Wir können ihn fragen, wenn wir ihn das nächste Mal treffen«, antwortete Robin.

Seine Hoffnung, dass das möglichst bald der Fall sein würde, behielt er für sich. Stattdessen fragte er bei Ronja nach: »Hast du die Probe, die ich dir gebracht habe, deinem Vater gegeben?«

Ronja nickte. »Ich habe gesagt, die wäre für ein Schulprojekt. Mein Vater wollte sich melden, wenn ein Ergebnis vorliegt.« Sie überlegte kurz. »Er hat zwar gesagt, dass es etwas dauern würde. Aber ich werde ihn noch mal anrufen und behaupten, ich brauche das Ergebnis jetzt dringend für die Schule.«

»Sehr gut«, lobte Robin. »Stell dir vor, unsere Probe beweist, dass die Proben damals vertauscht wurden. Das würde meinem Vater sicher weiterhelfen.«

»Das glaube ich auch«, bestätigte Ronja. »Weißt du, was mich wundert? Solche Bodenproben werden doch von der Behörde ausgewertet, oder zumindest im Auftrag der Behörde?«

»Ja, kann sein«, stimmte Robin ihr zu. Er wusste es nicht.

Ronja blätterte weiter in den Unterlagen. »Ach ja, hier haben wir es. Ein externes Labor wurde damit beauftragt.«

»Und?«, fragte Robin nach.

»Na, ich kann mir vorstellen, dass man die wenigen Leute in einem privaten Labor besser bestechen oder bedrohen kann, die Proben auszutauschen, als in einer großen Behörde. Oder vielleicht ist sogar jemand in das private Labor eingebrochen, um dort nachts heimlich die Proben auszutauschen. Dann wüssten selbst die Labormitarbeiter gar nicht, dass sie falsche Proben ausgewertet haben. Und die Behörde hätte auch nichts gemerkt.«

»Wow!«, stieß Robin aus. »Das könnte natürlich sein. Genau das müsste mein Vater nachweisen. Vielleicht ist das das letzte Detail, das ihm noch fehlt, um den Skandal zu beweisen?«

Ronja nickte zustimmend. »Ja, das könnte sein. Vor

allem, wenn dein Vater bisher gar nichts von diesem Tausch wusste!«

»Wow!«, sagte Robin wieder. »Du meinst, wir beide könnten dafür sorgen, dass mein Vater endlich zum Ziel kommt und ich zu ihm zurückkann?«

Ronja zuckte mit den Schultern. »Das könnte ich mir vorstellen. Aber erst mal schauen, ob wir den Beweis finden können.«

Robin überlegte. »Man müsste herausfinden, wer die Proben vertauscht haben könnte.«

Ronja nickte. Dann stoppte sie und schaute Robin mit großen Augen an. Sie wollte gerade etwas sagen, doch da fiel es auch Robin wie Schuppen von den Augen.

»Du meinst Arndt Spalter?«, fragte er.

Ronja nickte ihm heftig zu. »Allerdings!«

Robin atmete tief durch. »Du meine Güte! Ja! Das klingt alles sehr logisch. Aber wie sollen wir Arndt Spalter das nachweisen?«

Das wusste auch Ronja nicht.

Zunächst nicht. Sie legte die Stirn in Falten, grübelte. Und plötzlich schnippte sie mit den Fingern. »Wenn wir Riesenglück haben, dann verrät er es uns selbst!«

»Wie das?«, wunderte sich Robin.

»Erinnerst du dich an den USB-Stick, den wir aus Spalters Wohnung mitgenommen haben?«

Robin nickte. Natürlich erinnerte er sich. Ronja hatte von Spalters Computer viele Zeitungsartikel auf den USB-Stick kopiert. Auf einem dieser Artikel war ein Foto seines

Vaters abgebildet. Das einzige Foto, das Robin überhaupt je von seinem Vater besessen hatte.

»Ja«, teilte Ronja ihm ihre Idee mit. »Ich habe nur die Zeitungsartikel vom Computer kopiert. Aber auf seinem Stick, den ich aus der Schublade genommen habe, waren ja schon eine ganze Menge anderer Dateien gespeichert, die wir uns noch gar nicht angesehen haben.«

»Und?«, hakte Robin nach.

»Vielleicht finden wir darauf etwas, das uns Hinweise auf das Labor oder auch auf die Hintermänner gibt«, mutmaßte Ronja. »Ich hab den Stick drüben im Haus. Dort müssen wir an den Computer meiner Mutter.«

Sie schnappte sich ihr iPhone und wies Robin an: »Nimm du die Unterlagen. Dann können wir drüben nebenbei weiterscannen.«

Robin packte alles zusammen und lief Ronja hinterher hinüber ins große Haus.

»Geh du vor, ins Arbeitszimmer meiner Mutter. Ich hole den Stick von oben aus meinem Zimmer«, wies Ronja ihn drinnen an.

Robin betrat das Arbeitszimmer. Weil er dort keinen richtigen Platz für sich fand, setzte er sich einfach auf den Fußboden und breitete die Unterlagen um sich herum aus, die er gleich weiterscannen wollte.

Schon kam Ronja angelaufen, setzte sich an den Schreibtisch, startete den Computer und schob den USB-Stick ein.

Während Robin nun das Scannen der Seiten fortsetzte

und dabei weiter die einzelnen Seiten überflog, durchsuchte Ronja die Dateien auf dem USB-Stick.

Und wurde schnell fündig.

Das Erste, was sie fand, war eine einfache Karte, auf der das Labor markiert war, das mit der Auswertung der Bodenprobe beauftragt worden war. In weiteren Dateien waren einige Fotos dieses Labors gespeichert: Ansicht von außen, Nahaufnahmen der Überwachungskameras, der Fenster und Eingangstüren.

»Jetzt wird's interessant.« Ronja rückte mit der Nase noch näher an den Monitor heran. Ihre Hand auf der Maus begann vor Aufregung leicht zu zittern.

Robin unterbrach das Scannen und setzte sich dicht neben Ronja, um mit ihr gemeinsam die weiteren Dateien anzuschauen. Die nächsten drei Dokumente zeigten Schaltpläne. Es brauchte nicht lange, ehe die beiden Kinder erkannten, worum es sich handelte.

»Das sind die Schaltpläne der Alarmanlage des Labors. Arndt Spalter hat sich gut vorbereitet. Er wusste genau, wie man die Kameras und den Alarm ausschaltet, um einzubrechen und die Proben auszutauschen«, kombinierte Robin.

»Genau, das denke ich auch«, bestätigte Ronja. »Wahnsinn!«

Des Weiteren waren einige E-Mails und Handy-Screenshots gespeichert, in denen Arndt Spalter eindeutig den Auftrag erhalten hatte, die Proben auszutauschen.

»Wieso hat Spalter das alles gespeichert?«, fragte Robin. »Ist der blöd? Damit verrät er sich doch selbst!«

»Im Gegenteil«, widersprach Ronja. »Damit will er sich im Ernstfall entlasten. Hätte ihn jemand erwischt und es wäre zur Anklage gekommen, dann hätte er anhand dieser Unterlagen nachweisen können, dass der Befehl und die Planung von jemand anderem kam. Er hat nur Befehle seines Chefs befolgt. Das würde dann eine geringere Strafe geben. So hat er wohl zumindest gehofft.«

»Das könnte gut sein«, ergänzte Robin. »So wie bei uns im Kinderheim. Bernd Ross tut auch immer so, als sei er kein Täter, sondern ein unschuldiges Opfer.«

Er schaute wieder auf den Bildschirm. »Aber wer ist denn sein Chef, der die Befehle gab? Kann man das erkennen?«

»Natürlich«, antwortete Ronja. »Darum geht es Spalter ja. Im Zweifel jemand anderen zu beschuldigen und dessen Schuld auch beweisen zu können.«

Sie zeigte mit dem Finger auf den Absender der Mail. Der war allerdings etwas kryptisch: Eoey7839@bastarec.com

»Der Provider ist klar«, behauptete Ronja. Sie blätterte wieder einige Dokumente vor, die sie gerade angesehen hatte, zeigte auf den Monitor und las laut vor: »Basta Recycling GmbH. So hieß die Abfallentsorgungsfirma, die im Verdacht stand, den Fluss und den Boden verseucht zu haben. Und Eoey7839 muss Arndts Chef gewesen sein.«

Sie lehnte sich zurück, wobei sie Robin sehr nah kam. Für einen Moment schienen sich ihre Nasenspitzen zu berühren.

»Ich glaube wirklich, wir sind genau auf das Mosaiksteinchen gestoßen, das deinem Vater für seinen endgültigen Beweis fehlen könnte. Denn er ahnte gar nichts von dem Austausch der Proben. Genau der aber belegt die Schuld der Abfallentsorgungsfirma.«

Robins Augen begannen zu strahlen. »Das wäre ja fantastisch!«

Ronja griff zu ihrem Handy. »Zumindest, wenn unsere Theorie stimmt. Und wir Glück haben, dass in der Bodenprobe, die du besorgt hast, tatsächlich noch Giftstoffe nachgewiesen werden konnten.«

Sie wählte ihren Vater an. Und erklärte Robin gleichzeitig: »Ich hoffe, ich bekomme meinen Vater an den Apparat.«

Aber das tat sie eigentlich immer, wenn ihr Vater nicht gerade beim Sport oder im Badezimmer war. Sonst trug er immer sein Handy bei sich, und wenn er sah, dass seine Tochter anrief, nahm er auch immer sofort das Gespräch an.

So auch dieses Mal.

Ronja stellte das Gespräch auf Lautsprecher, damit Robin mithören konnte, zeigte ihm aber an, dass er keinen Mucks von sich geben sollte. Denn auch ihr Vater wusste noch nichts von Robin.

Ronja fragte unverfänglich nach der Bodenprobe und flunkerte dazu: »Weißt du, ich brauche es dringend für die Schule. Die Zeit wird knapp.«

Sie zwinkerte Robin verschwörerisch zu.

»Ja, ja, ich weiß«, antwortete ihr Vater. »Ich hätte dich auch morgen gleich angerufen. Denn die ersten Ergebnisse der Laboruntersuchung sind tatsächlich heute Abend noch hereingekommen.«

»Wirklich?« Ronja war wie elektrisiert. Und auch Robin sperrte aufgeregt die Ohren auf. »Und?«

»Was macht ihr da eigentlich für ein Projekt?«, fragte ihr Vater. »Denn in der Bodenprobe wurden tatsächlich Spuren einiger Gifte entdeckt. Ich hoffe doch sehr, ihr bewegt euch nicht irgendwie auf einem gefährlichen Gelände?«

Ronja war so überrascht von der Antwort ihres Vaters, dass sie erst einmal nachdenken musste, was sie ihm sagen sollte.

»Öh …«, stotterte sie. Um ihren Vater gleich darauf zu beruhigen: »Nein, nein. Äh … Keine Angst. Die Proben hat unser Lehrer in einem Glas mitgebracht. Er hat zwar gesagt, wir sollten vorsichtig damit sein, aber dass sie soo giftig sind, hat er nicht gesagt.«

»Na ja, wirklich giftig sind die Proben nicht«, entkräftete ihr Vater. »Dafür ist die Dosis zu gering. Aber im Labor sind eben noch Gifte nachweisbar, die in dem Boden wohl einst mal höher waren. Weißt du, woher dein Lehrer sie hat?«

»Öh …«, stotterte Ronja wieder. »Nein, aber ich frage mal. Danke, Papa. Kannst du mir das Ergebnis zuschicken?«

»Klar. Mache ich. Per E-Mail«, antwortete ihr Vater.

»Danke«, sagte Ronja. »Und noch eines: Sprich mit meinem Lehrer nicht drüber. Er denkt sonst, du hättest den Großteil meiner Hausarbeit erledigt.«

»Verstehe«, antwortete ihr Vater.

Ronja bedankte sich nochmals. Und legte auf.

»Wow!«, kommentierte Robin. »Wir haben offenbar genau die Beweise gefunden, die mein Vater braucht.«

»Das sehe ich auch so«, stimmte Ronja ihm zu. »Jetzt müssen wir uns nur noch irgendwie mit deinem Vater treffen, um es ihm mitzuteilen und ihm die neuen Unterlagen gemeinsam mit seinen alten zu übergeben.«

In dem Moment bellte Little John und schoss los zur Küche.

Ronja und Robin merkten auf.

»Hast du die Terrassentür hinter dir zugemacht?«, fragte Ronja.

»Ja, klar«, antwortete Robin.

»Ruf Little John zu dir«, bat Ronja.

Robin stieß einen Pfiff aus. Aber Little John hörte nicht, sondern bellte wie verrückt in der Küche weiter.

»Da muss jemand sein«, schlussfolgerte Robin. Er lugte vorsichtig um die Ecke der Arbeitszimmertür, pfiff noch mal und zischte: »Ist gut, Little John. Komm her!«

Dann drehte er sich zu Ronja, die noch immer auf dem Stuhl saß, und warnte sie: »Da ist jemand an der Terrassentür!«

Little John hörte nun endlich. Er stellte das Bellen ein und lief zurück zu Robin.

Ronja und Robin lugten nun beide um die Ecke und schauten durch Flur und Küche bis zur Terrasse. Dort hantierte gerade ein Mann von außen an der Terrassentür herum.

»Scheiße, da bricht jemand ein!«, flüsterte Robin.

ÜBERFALL!

Ronja und Robin erkannten sofort, wer sich da an der Tür zu schaffen machte: Arndt Spalter, der angebliche Detektiv und ihr Verfolger!

»Er hat vermutlich doch beobachtet, wo ich wohne. Verdammt!«, flüsterte Ronja.

»Was machen wir denn jetzt?«, fragte Robin.

»Das ist einbruchssicheres Glas«, antwortete Ronja. »Und ein Sicherheitsschloss. Er wird eine Weile brauchen, bis er drinnen ist.«

»Bis er drinnen ist?«, hakte Robin entsetzt nach. »Man kann trotz Sicherheitsglas und Sicherheitsschloss trotzdem hier einbrechen?«

»Keine Ahnung!«, antwortete Ronja leicht gereizt. »Ich werde jedenfalls nicht hier stehen bleiben und zugucken, ob er's schafft.«

»Ruf die Polizei!«, schlug Robin vor. »Damit verraten wir ja nichts. Melde einfach einen normalen Einbruch.«

»Okay«, stimmte Ronja zu. »Pack du schnell die Unterlagen zusammen und zieh den Stick aus dem Computer. Schnell!«

Robin sprang rüber zum Computer, riss den Stick heraus und steckte ihn in die Hosentasche. Dann raffte er die Unterlagen auf dem Boden zusammen, während Ronja die Notrufnummer 110 wählte. Es meldete sich sofort jemand bei der Polizei. Ronja erzählte aufgeregt von dem Einbruch, der gerade stattfand. Sie musste zwar noch einige Fragen beantworten, doch dann versprach der Polizist, dass ein Streifenwagen bereits unterwegs sei.

Erleichtert beendete Ronja das Gespräch und schaute wieder um die Ecke zur Terrassentür.

»Wie weit ist er?«, fragte Robin.

»Noch hat er's nicht geschafft«, antwortete Ronja. »Das verschafft uns Zeit.«

»Zeit?«, fragte Robin. Wofür?«

»Wir verstecken uns im Keller«, schlug Ronja vor. »Wir verrammeln die Tür und warten, bis die Polizei gleich hier ist.«

»Gute Idee!«, lobte Robin.

In dem Moment sprang die Terrassentür auf.

»Scheiße! Er ist drinnen!«, rief Robin entsetzt. Ronja rannte los zur Kellertür.

Robin glaubte, dass es bereits zu spät war, Arndt Spalter zu entkommen. Denn dieser setzte schon an, auf die Kinder zuzulaufen.

»Little John, der ist böse. Zeig's ihm! Fass!«, befahl Robin.

Little John hetzte auf Arndt Spalter zu und schnappte sofort nach dessen Fußknöchel.

Spalter schrie auf und versuchte, den Hund von seinem Bein abzuschütteln. Doch dabei verlor er den Halt, stolperte halb über seinen eigenen Fuß, halb über den Hund und stürzte zu Boden.

Robin stieß einen grellen Pfiff aus.

Little John drehte postwendend um und raste zu seinem Herrchen. Nur wenige Meter weiter stand Ronja und hielt die Kellertür auf. »Kommt!«

Robin und Little John sausten los und sprangen durch die Tür auf die Kellertreppe, die Ronja so heftig hinter ihnen zuschlug, dass es durchs ganze Haus dröhnte. Man hörte, dass die Kellertür aus dickem Stahl war.

»Das ist eine Feuerschutztür«, informierte Ronja und schloss sie von innen ab. »Hast du alles dabei?«

»Ja«, versicherte Robin. »Unterlagen und Stick.«

»Dann runter, ab in den Keller!«, wies Ronja die beiden an.

Während Robin die Kellertreppe hinunterlief, fragte er Ronja, die hinter ihm ging: »Ist die Kellertür sicher?«

»Das hoffe ich«, antwortete Ronja. »Aber er sucht ja auch nicht uns, sondern die Unterlagen. Ich hoffe, er hat nicht gesehen, dass du sie unterm Arm trägst.«

Doch da war Robin sich nicht so sicher. »Ich vermute eher, doch.«

»Mist!«, ärgerte sich Ronja.

Da hörten sie schon, wie Arndt Spalter oben an der Klinke rüttelte.

Robin zuckte zusammen.

»Er hat nicht viel Zeit«, erläuterte Ronja. »Die Polizei muss jeden Augenblick hier sein.«

Der geräumige Kellerraum war auf der einen Seite mit Regalen vollgestellt, in denen Putzmittel, Werkzeuge und allerlei Krimskrams lagerten. Gegenüber bestaunte Robin ein beachtliches Weinregal.

Ronja zog ihn weiter mit sich in einen zweiten Raum. »Aus dem Fenster im Heizungskeller können wir nach vorn sehen, ob die Polizei kommt.«

Sie musste sich auf Zehenspitzen stellen, um hinausschauen zu können.

Da sah sie schon einen Streifenwagen mit Blaulicht vorfahren, der vor dem Gartentor scharf bremste. Die Türen flogen auf, und zwei Polizisten stürmten heraus.

»Jetzt muss Arndt Spalter aber zusehen, dass er wegkommt«, sagte Ronja mit einem Lächeln im Gesicht.

Es dauerte nicht lange, da sahen sie, wie Arndt Spalter in Handschellen von den beiden Polizisten zum Polizeiwagen geführt wurde.

»Oh, das ging aber schnell!«, staunte Ronja. »Ich muss jetzt hoch und bestimmt einige Fragen beantworten.«

»Und ich muss dringend hier weg!«, sagte Robin.

»Wieso?«, fragte Ronja.

»Ich bin aus dem Kinderheim fortgelaufen und werde immer noch gesucht«, erinnerte Robin sie.

Doch Ronja hatte das keineswegs vergessen. »Ich weiß, aber du kannst doch hier im Keller bleiben und dich verstecken.«

»Meinst du, die Polizei lässt dich hier allein, nachdem das Haus gerade überfallen wurde? Die werden bestimmt warten, bis deine Mutter oder dein Vater hier ist.«

Ronja kräuselte die Stirn. »Mist! Meinst du?«

»Ich weiß es nicht, aber das kann ich mir gut vorstellen«, antwortete Robin. »Komme ich hier irgendwie unbemerkt raus?«

Ronja kaute nachdenklich auf ihrer Unterlippe herum. »Die Kellerfenster sind vergittert. Da geht es nicht«, murmelte sie.

In dem Augenblick hörten sie die Türglocke.

»Mist«, fluchte Ronja erneut. »Das sind sie schon. Sie werden bestimmt als Erstes die Terrassentür untersuchen wollen. Aber ich versuche, sie erst mal vorn aufzuhalten. Bleib du solange hier und beobachte uns aus dem Kellerfenster. Wenn du mich mit den Polizisten vorn reden siehst, hast du ein kurzes Zeitfenster, nach hinten raus zu verschwinden. Hinter dem Gartenhaus endet unser Grundstück an einem niedrigen Zaun. Da kommst du leicht rüber. Dahinter kommt ein Wäldchen. Hau durch den Wald ab.«

»Und Little John?«, fragte Robin besorgt.

»Es gibt im Zaun ein kleines Loch. Das wirst du gleich erkennen. Das habe ich mal hineingeschnitten. Denn im Gegensatz zu meiner Mutter bekomme ich gern Besuch von Kaninchen, Katzen und Hunden. Also los!«

Es läutete erneut an der Haustür.

»Ach, eines noch!«, fiel Ronja ein. »Die Auftraggeber

kennen jetzt bestimmt meine Adresse. Wer weiß, ob sie nicht morgen schon wieder andere Gangster zu uns schicken.«

»Du meine Güte!«, rief Robin aus. »Glaubst du?«

»Keine Ahnung«, antwortete Ronja. »Wäre jedenfalls möglich. Also nimm die Papiere und verstecke sie gut.«

»Wo denn?«, fragte Robin.

»Dort, wo sie garantiert niemand suchen wird.«

»Gute Idee«, stimmte Robin ein klein wenig spöttisch zu. »Und wo soll das sein?«

»Im Kinderheim!«, sagte Ronja.

Robin guckte überrascht. Mit allem hatte er gerechnet, aber gewiss nicht mit einem solchen Vorschlag.

»Bist du irre?«, fragte er zurück. »Ich soll zurück ins Heim? Niemals!«

»Nicht du«, korrigierte Ronja. »Nur die Papiere.«

Robin musste erst einmal schlucken und kurz nachdenken. Vielleicht war das wirklich keine dumme Idee. Aber er wusste noch nicht, wie er das anstellen sollte.

»Wenn du eine bessere Idee hast, auch okay«, drängelte Ronja. »Du musst jetzt verschwinden.«

Zum dritten Mal läutete es oben an der Haustür.

»Ich pass drauf auf!«, versprach Robin.

Ronja flitzte hinauf, um zu öffnen.

Robin schaute aufgeregt und gespannt durchs Kellerfenster hinaus.

Ronja öffnete die Tür. Wie erwartet, stand einer der Polizisten vor der Tür. Er erklärte ihr, dass der festgenommene Mann zur Wache gefahren würde. Sie würden nur noch auf einen zweiten, angeforderten Streifenwagen warten. Der eine würde den Einbrecher dann wegfahren. Die Polizisten des anderen würden ein Protokoll aufnehmen.

»Ist gut«, antwortete Ronja.

»Wir warten hier solange. Und ich kann in der Zeit deine Eltern informieren. Wo sind die?«, fragte der Polizist.

Ronja antwortete wahrheitsgemäß, dass ihre Eltern bei der Arbeit seien und sie hier mit der Mutter allein im Haus lebe.

»Warten Sie bitte hier. Ich hole die Nummer meiner Mutter, damit Sie sie anrufen können. Ohne Erlaubnis darf ich niemanden hineinlassen.«

Der Polizist schmunzelte. Denn eine solche Anweisung der Mutter galt ja bestimmt nicht für die Polizei. Trotzdem blieb er brav vor der Tür stehen. Denn er wusste ja auch nicht, dass Ronjas Ansage nur eine Finte war, um Robin unbemerkt aus dem Keller zu lassen. Sie schloss die Windfangtür, damit der Polizist nicht in den Flur hineinschauen konnte. Dann lief sie zur Kellertür, öffnete sie und zischte möglichst leise hinunter: »Robin! Schnell! Jetzt kannst du abhauen!«

Sie musste dreimal rufen, ehe Robin sie hörte.

Endlich kam er mit Little John zusammen die Treppe hinauf.

»Los! Ihr könnt hinten über die Terrasse hinaus, dann durch den Wald, wie ich es dir schon erklärt habe.«

»Danke!«, sagte Robin.

Ronja begleitete ihn in die Küche bis zur Terrassentür. »Warte noch kurz!«

Sie ging zum Küchenschrank, nahm eine weiße Keramikdose mit der großen blauen Aufschrift »Zucker« heraus und öffnete sie.

Robin ging zu ihr und konnte hineinsehen. In der Dose befand sich kein Krümelchen Zucker, dafür ein Bündel Geldscheine.

Ronja nahm das Bündel heraus, blätterte es durch, zählte etwas ab und reichte Robin ein paar Scheine: »Zweihundert Euro.«

Robin riss vor Staunen die Augen auf. »Für mich? Bist du verrückt? Was soll ich mit so viel Geld?«

Ronja sah ihn an: »Was wohl? Essen, Trinken, Übernachten, Little John versorgen …«

»Übernachten?«, wiederholte Robin. »Wo denn übernachten?«

»Ja. Eben«, sagte Ronja. »Genau das ist die Frage: Wo willst du übernachten? Doch nicht etwa draußen auf der Straße?«

»Doch!«, antwortete Robin. »Natürlich! Das ist am unauffälligsten. Außerdem können Kinder gar nicht allein irgendwo ein Zimmer buchen.«

Ronja erinnerte Robin an den Morgen, an dem sie ihn und Bruder Tuck aufgesucht und sie schlafend vorgefunden hatte und ihnen in dem Moment alles hätte stehlen können.

»Sieh zu, dass du die Papiere irgendwo sicher versteckst und einigermaßen vernünftig irgendwo übernachtest. Das Geld, das du nicht brauchst, gibst du mir später wieder zurück. Aber es eilt nicht. Das Bargeld hat meine Mutter hier gebunkert, weil sie mich so viel alleine lässt. Im Notfall kann ich immer auf das Geld zurückgreifen, wenn mal irgendetwas ist.«

»Was soll denn sein?«, fragte Robin.

Ronja zuckte mit den Schultern. »Da musst du meine Mutter fragen.«

Nun schob sie Robin zurück zur Terrassentür. »Du muss los!«

Dann türmten er und Little John über die Terrasse, am Gartenhaus vorbei, über den Zaun und ab in den Wald.

Ronja sah ihnen nach, bis sie nicht mehr zu sehen waren. Dann ging sie zurück zur Haustür und überreichte dem Polizisten ihr Handy.

»Ich habe schon gewählt.«

Der Polizist sprach mit der Mutter.

Anschließend bat Ronja ihn herein.

»Sie können gern im Wohnzimmer Platz nehmen.«

»Danke«, sagte der Polizist. »Aber wir warten erst noch auf die Kollegen. Ich bleibe hier stehen. Lass die Haustür bitte offen. Falls etwas ist, kann ich hinein.«

ZURÜCK IM KINDERHEIM

Es war bereits recht spät geworden, als Robin und Little John nach langer S-Bahnfahrt an der Station Reeperbahn ausstiegen. Sie gingen über die Silbersacktwiete, den Hein-Köllisch-Platz und die Antonistraße weiter runter Richtung Kinderheim. Ganz in der Nähe zu seiner Linken lag seine Schule und ein paar Minuten Fußweg vor ihm der etwas seltsame Park Fiction, wo Robin sich früher mit seinem besten Freund Jonas oder anderen Kumpels aus der Schule oder dem Stadtteil zum Abhängen getroffen hatte. Es wäre schön gewesen, wenn er Jonas dort jetzt hätte treffen können. Aber dafür war es zu spät. Kurz nach 21 Uhr abends. Jonas lag im Kinderheim schon im Bett, und wie Robin ihn kannte, würde er dort noch irgendein schlaues Buch lesen.

Robin hing einen Moment lang seinen Erinnerungen nach, wie er sich mit Jonas das Zimmer teilte und wie gut sie sich immer verstanden hatten: er als Beschützer für Jonas vor Bernd Ross und Jonas als Robins große Hilfe in der Schule. Durch die regelmäßigen Treffen am Schulzaun wusste Robin, dass ihm noch kein neuer Zimmernachbar zugeteilt worden war. Erstens glaubte Heimleiter Fred noch immer fest an Robins Rückkehr, und zweitens gab es noch keinen Neuzugang im Heim, der Robins Platz hätte einnehmen können. So genoss Jonas im Heim zurzeit das Privileg eines Einzelzimmers. Obwohl es ihm deutlich lieber gewesen wäre, Robin hätte noch immer mit ihm das Zimmer geteilt.

Robin konnte das gut verstehen. Auch er vermisste seinen besten Freund sehr, obwohl er mit Ronja eine supertolle neue Freundin und mit Little John einen treuen neuen Gefährten gefunden hatte. Trotzdem: Seine Freundschaft zu Jonas war irgendwie durch nichts zu ersetzen. Das war übrigens ein weiteres Argument für Robin, nie mehr ins Kinderheim zurückkehren zu wollen. Er hätte Little John nicht mitnehmen dürfen. Fred duldete keine Haustiere im Heim.

Und nun also kehrte Robin doch zurück zum Kinderheim. Nicht, um dort wieder einzuziehen, sondern, um Jonas zu bitten, für ihn die Papiere seines Vaters zu verstecken.

Robin hatte das Kinderheim fast schon erreicht, aber immer noch keine Idee, wie er jetzt an Jonas herankommen sollte, ohne selbst entdeckt und damit erwischt zu werden. Er galt immer noch als Ausreißer und wurde als solcher gesucht. Außerdem durfte Bernd Ross auf keinen Fall von Robins kurzer Rückkehr erfahren. Dann würde er sofort argwöhnisch werden und Jonas so lange zusetzen, ihm drohen und ihn erpressen, bis er herausbekam, weshalb Robin da gewesen war. Damit wären die Papiere in Gefahr.

Aber es gab keine andere Möglichkeit, zu Jonas ins Zimmer zu gelangen, als ins Haus einzudringen und durch Flur und Treppe hinauf ins Zimmer zu gehen.

Brandgefährlich, selbst wenn Robin bis zur allgemeinen Bettruhe um 22 Uhr warten würde.

Schon einmal war es ihm gelungen, abends unbemerkt ins Kinderheim einzubrechen. Nachdem diese Carmen ihn ausgeraubt hatte, hatte er dringend Geld benötigt. Also war er in den Fahrradabstellraum eingedrungen, hatte Freds Lastenfahrrad und mehrere Leergutkisten gestohlen und sich das Flaschenpfand eingeheimst. Bestimmt hatten sie die Sicherheitsvorkehrungen seit damals verschärft. Dummerweise lag Bernd Ross' Zimmer genau gegenüber von Jonas' Zimmer.

Das war eigentlich zu riskant.

Es sei denn …

Robin hatte eine Idee.

Er schaute hinunter auf seinen treuen Gefährten Little John. »Du musst es machen, mein Freund!«

Little John schaute hoch zu seinem Herrchen: Der wollte schon wieder etwas von ihm? Und es sah nicht nach Spielen aus.

Little John wedelte mit dem Schwanz, um anzuzeigen, dass er bereit war. Für was auch immer.

»Jonas, weißt du? Du kennst doch Jonas.«

Little John antwortete natürlich nichts.

Robin fiel etwas ein. Als er das Kinderheim verlassen hatte, hatte Jonas ihm sein gesamtes erspartes Geld überreicht: 75 Euro 35. Das war eine große Geste gewesen, und Robin hatte sich vorgenommen, es Jonas eines Tages zurückzuzahlen. Jonas hatte ihm das Geld in dem Stoffbeutel überreicht, in dem er es zusammengespart hatte. Robin hatte sich gleich in der ersten Nacht von Carmen ausrauben lassen. Aber später hatte sie ihm durch Bruder Tucks Einsatz alles – natürlich unfreiwillig – zurückgeben müssen. Bis auf das Bargeld. Das hatte sie schon ausgegeben.

Doch Jonas' Stoffbeutel hatte er zurückbekommen. Den pulte er jetzt aus seiner Tasche und hielt ihn Little John unter die Nase.

»Such!«, wies er den Hund an. »Such Jonas!«

Robin wusste: Little John würde Jonas finden. Und wenn Jonas Little John sah, dann wusste er automatisch, dass Robin vor der Tür auf ihn wartete.

Bernd Ross war immer noch eine Gefahr, aber für Robin mehr als für Little John. Schließlich hatte Little John ihm schon mal ins Bein gebissen.

Robin schlich mit dem kleinen Hund bis zum Hintereingang des Kinderheims, wo die Müllkästen standen. Robin hatte hier so oft den Müll rausbringen müssen, dass er längst wusste, wie man ihn auch ohne Schlüssel öffnen konnte.

Nun ließ er Little John noch mal an dem Stoffbeutel riechen.

Little John nahm die Fährte auf. Robin öffnete ihm die Tür, ließ ihn ins Haus, und Little John flitzte los. Dann verzog Robin sich hinter die Müllkästen, falls doch mal jemand aus dem Fenster schauen sollte.

Jonas kam viel schneller aus dem Haus gelaufen, als Robin vermutet hätte.

»Wow!«, begrüßte er seinen besten Freund. »Du hast wohl Raketenantrieb im Hintern.«

»Als ich Little John sah, dachte ich sofort, du bist in Not oder Lebensgefahr«, antwortete Jonas noch etwas außer Atem. »Da bin ich sofort losgerannt.«

Robin war gerührt. Aber wie hätte er Jonas über Little John benachrichtigen sollen, dass es sich nicht um einen Notfall handelte?

»Danke«, sagte Robin. »Du bist ein wahrer Freund. Aber ich hoffe, du warst in der Eile nicht zu unvorsichtig. Dich hat doch niemand gesehen?«

»Nein, bestimmt nicht«, versicherte ihm Jonas. »Ross und sein Zimmer haben unten im Aufenthaltsraum gerade noch eine Gruppenbesprechung, weil die heute wieder irgendwo Scheiß gebaut haben. Du hättest keinen besseren Zeitpunkt für ein spontanes Treffen wählen können. Aber was gibt es, dass du spätabends hier auftauchst?«

Robin erklärte ihm die Lage und überreichte ihm die Papiere. Den USB-Stick behielt er in seiner Hosentasche. Dort war er am sichersten aufgehoben.

»Wow!«, sagte Jonas.

Robin wusste, Jonas hatte die Wichtigkeit der Papiere und die Tragweite der ganzen Situation sofort erfasst. »Weißt du ein gutes Versteck dafür?«

»Aber sicher«, antwortete Jonas. »Ich teile die Papiere auf und verstecke sie in meinen Büchern. Da hat Bernd Ross noch nie hineingeguckt. Nicht mal, wenn er bei mir irgendetwas gesucht hat. Bücher kommen in Bernd Ross' Welt einfach nicht vor. Ich glaube, wenn der in meinem Zimmer ist, merkt er nicht einmal, dass ich Bücher im Regal habe.«

Robin kicherte leise. Obwohl er eigentlich nicht viel besser war. Er war auch kein Büchermensch, obwohl er schon immer an Jonas bewundert hatte, wie viel der las.

Jonas nahm die Tüte mit den Papieren entgegen.

»Pass sehr gut darauf auf«, mahnte Robin noch mal. Obwohl er wusste, dass er die Seiten hatte, die Ronja bereits gescannt hatte. Doch sein Vater hatte ja extra darauf hingewiesen, dass die Originale dennoch sehr wichtig waren.

»Okay«, sagte Jonas. »Ich gehe besser wieder, bevor die Gruppenbesprechung zu Ende ist. Sehen wir uns morgen wieder an der Schule?«

»Ja«, sagte Robin. »Es sei denn, mein Vater trifft mich genau zu der Zeit. Er hat versprochen, dass ich ihn wiedersehe. Aber ich weiß nicht, wann und wo.«

»Ist okay. Dann weiß ich Bescheid«, sagte Jonas und verabschiedete sich.

Robin hielt ihn noch zurück. »Warte!«

Dann pulte er einen Fünfzig-, einen Zwanzig- und einen Zehn-Euro-Schein von den zweihundert, die Ronja ihm überlassen hatte, aus der Hosentasche, und überreichte Jonas die achtzig Euro. »Achtzig Euro. Ich schulde dir 75 Euro 35. Der Rest sind Zinsen.«

Jonas grinste kurz. »Du weißt doch gar nicht, was Zinsen sind!«

Robin grinste zurück. »Stimmt. Trotzdem!«

»Du brauchst mir das Geld nicht zurückzahlen«, stellte Jonas klar.

»Ich weiß«, sagte Robin. »Aber ich will. Und ich habe es dir versprochen.«

Zögerlich streckte Jonas die Hand nach dem Geld aus, fragte aber noch: »Woher hast du plötzlich so viel Geld?«

»Weißt du doch«, erinnerte Robin ihn. »Ronja. Die haben echt keine Geldsorgen. Sowohl ihre Mutter als auch ihr Vater haben Schotter ohne Ende. Riesiges Haus, fette Karre und so. Deren Haus solltest du sehen.«

»Das muss ich mir wirklich mal ansehen«, stimmte Jonas zu. »Danke.«

Dann verabschiedeten sich die beiden.

Dabei fiel Jonas ein: »Wo schläfst du heute Nacht? Zu Ronja kannst du nach allem, was heute passiert ist, ja wohl kaum zurück.«

»Ich weiß es noch nicht«, gab Robin zu. »Ich muss mal schauen.«

»In der Turnhalle der Schule«, schlug Jonas vor.

Robin schaute ihn fragend an.

»In der Umkleide der Jungs lehnen die Älteren aus der Zehnten das Fenster immer nur ganz leicht an. Man kann es von außen öffnen und in die Turnhalle einsteigen. Habe ich neulich mal mitbekommen.«

Robin behielt die Augenbrauen oben. Er verstand noch immer nicht. »Wieso? Was wollen die nachts in der Turnhalle? Man merkt doch, wenn da plötzlich das Licht angeht und jemand Ball spielt.«

Jonas kicherte. »Du checkst es nicht. Die gehen nicht nachts hinein, sondern nachmittags oder frühabends, sobald die Halle leer steht. Das kann man im Hallen-Belegungsplan ja nachlesen.«

»Aha«, sagte Robin. »Und dann?«

»Dann treffen sich die großen Jungs und Mädchen dort – na ja, zum Schmusen oder Trinken oder Musikhören oder was weiß ich, was die da alles machen. Jedenfalls alle, die sich nicht so einfach zu Hause treffen können. Oder die nicht wie du einfach gleich bei ihrer Freundin im Gartenhaus wohnen.«

»Hey, hey!«, widersprach Robin. »Ronja und ich sind nur gute Freunde. So wie wir. Klaro?«

»Klar«, räumte Jonas ein. »Trotzdem: Nachts steht die Halle leer, und du könntest dort schlafen. Im Mattenraum.«

Robin dachte kurz nach. Er würde es sogar schaffen, Little John durch das Fenster im Umkleideraum zu schieben. Was aber, wenn sich doch dort gerade ein Pärchen oder eine Gruppe Jugendlicher befand? Da wollte er auf keinen Fall hineinplatzen.

»Okay, danke«, antwortete er aber nur. »Mal schauen. Bis morgen!«

»Bis morgen!«, verabschiedete Jonas sich nun endgültig und verschwand wieder im Haus.

EINE BESONDERE NACHT

Robin sah seinem besten Freund noch ein wenig hinterher, dann ging er mit Little John bei Fuß bis zur nächsten Straßenecke, blieb dort stehen und überlegte, wohin er jetzt sollte. War die Turnhalle eine gute Idee? Irgendwie konnte Robin sich nicht dafür erwärmen. Die Vorstellung, nach der ganzen Zeit bei Ronja im gemütlichen Gartenhaus jetzt wieder unter einer Brücke, in einem Kaufhauseingang oder – wie kurz nach seiner Flucht aus dem Kinderheim – in einem geparkten Auto zu übernachten, gefiel Robin aber auch nicht besonders. In der Obdachlosenunterkunft Pik As ließen sie keine Kinder zu. Die würden sofort das Kinderheim informieren. Und zu Bruder Tuck? Einige von dessen Übernachtungsstätten kannte Robin. Sollte er sie alle jetzt ablaufen?

Dann hatte er eine ganz andere Idee. Er hatte gemeinsam mit Ronja irgendwann die alte Wohnung entdeckt, in der er bis zu dem Autounfall – oder besser Attentat auf seinen Vater –, als er drei Jahre alt war, mit seinen Eltern gelebt hatte. Sie hatten erfahren, dass sein Vater die Wohnung noch gemietet hatte und ab und zu untervermietete. Sie hatten die Wohnung sogar betreten können und waren dort in einem Kampf zum ersten Mal auf ihren Verfolger getroffen. Der aber befand sich gerade in Polizeigewahrsam. Robin schätzte die Chance zwar gering ein, seinen Vater in der Wohnung vorzufinden oder dass er irgendwie Zugang zur Wohnung bekommen könnte. Aber da er im Moment sowieso nicht wusste, wohin er gehen sollte, beschloss er, zumindest einmal dort vorbeizugehen und nachzuschauen. Er hatte ja Zeit und war trotz – oder wegen? – all der Aufregung an diesem Tag immer noch nicht müde.

So zog er mit Little John weiter in die Zeißstraße in Hamburg-Ottensen, wo sich die Wohnung befand. Sie war nur eine halbe Stunde Fußweg entfernt. Er hätte auch in nur fünf Minuten von der S-Bahn-Station Reeperbahn bis zur neuen S-Bahn-Station Ottensen fahren können, aber der Fußweg an der frischen Luft tat ihm gut, und besonders Little John hatte seine Freude daran. Little John fühlte sich in U- und S-Bahnen nicht besonders wohl. Außerdem lauerte dort immer die Gefahr der Kontrolle. Auch wenn er sich jetzt locker eine Fahrkarte leisten konnte, durfte er nicht vergessen, dass er immer noch als Ausreißer von der Polizei gesucht wurde.

Nach nur 25 Minuten kamen beide in der Zeißstraße an.

Robin schaute hinauf zum Fenster seiner alten Wohnung. Alles dunkel. Wie er es sich gedacht hatte: Sein Vater war nicht da. Niemand war da. Die Wohnung stand im Moment wohl immer noch leer. Damals hatte er nur in die Wohnung gehen können, weil ihr Verfolger sie mit einem Dietrich aufgeschlossen hatte. Aber jetzt?

Er überlegte. Bei seinem ersten »Besuch« hatte er die direkte Nachbarin getroffen. Ob die einen Zweitschlüssel besaß? Aber selbst wenn, sie würde ihm die Tür nicht aufschließen. Warum sollte sie?

Robin setzte sich gegenüber vom Haus auf den Bordstein, so wie er es damals mit Ronja getan hatte. Little John legte sich bequem zu seinen Füßen und hoffte auf ein paar Streicheleinheiten.

»Das habe ich mir gedacht, dass ich dich hier finde«, sprach plötzlich jemand hinter ihm.

Robin merkte zunächst gar nicht, dass er gemeint war, sondern dachte, dass sich hinter ihm auf dem Bürgersteig irgendwelche Leute trafen. Trotzdem drehte er sich um und …

»Papa!«, rief er, sprang auf und fiel seinem Vater in die Arme, der ihn innig drückte. »Woher weißt du, dass ich hier bin?«

»Ich habe die Möglichkeit, den Polizeifunk abzuhören. Das mache ich eigentlich nur, wenn's aktuell nötig ist. Als ich euch die Unterlagen überlassen habe, dachte ich, besser ist es, dranzubleiben. Und da habe ich vom Polizeieinsatz bei Ronja gehört«, antwortete sein Vater, während sich die beiden immer noch innig in den Armen lagen. »Dann habe ich Ronja angerufen. Ich kenne da eine Kneipe, von der aus ich telefonieren kann. Sie hat mir erzählt, dass du mit den Unterlagen unterwegs bist. Da konnte ich mir denken, dass du heute Nacht vermutlich nicht zu ihr zurückkehrst. Wo also könntest du übernachten? Ihr hattet mir ja erzählt, dass ihr meine – unsere – alte Wohnung entdeckt hattet. Na, und da dachte ich, ich schaue mal. Wie du siehst, bin ich im Recherchieren immer noch ganz gut.«

»Können wir in der Wohnung übernachten?«, fragte Robin. »Zusammen?«

Sein Vater schüttelte den Kopf. »Heute nicht. Aber wenn alles gut geht mit meiner Dokumentation, dann können wir bald sogar gemeinsam wieder dort einziehen«, sagte sein Vater.

»Wirklich?« Robin löste die Umarmung und machte einen Schritt zurück, um seinem Vater in die Augen schauen zu können. »Ganz im Ernst? Ich habe da nämlich etwas für dich.«

Er pulte den USB-Stick aus der Hosentasche und reichte ihn seinem Vater.

»Über so etwas würde ich nie scherzen!«, versicherte ihm sein Vater. »Was ist das?«

Robin erzählte ihm, woher sie den Stick hatten und was sie darauf gefunden haben.

»Ich denke, es ist so weit, dass ich dir mein Geheimversteck zeigen kann«, antwortete sein Vater.

»Geheimversteck?«, wiederholte Robin aufgeregt.

»Pssst!«, machte sein Vater und legte den Zeigefinger auf den Mund. »Ist doch geheim. Komm mit. Es ist gar nicht weit von hier.«

Es waren nur zehn Minuten zu Fuß, da standen sie vor einem merkwürdigen, massigen Gebäude, das sich zwischen einem leeren Gelände und einem Wohnhaus auftürmte.

»Ist das ...?«, wollte Robin fragen.

Sein Vater nickte: »Ein alter Hochbunker. Der sollte schon vor einigen Jahren abgerissen werden, um hier neue Wohnungen zu bauen. Doch man hat festgestellt, dass das nur geht, wenn man das Wohnhaus rechts davon mitabreißt und dann das gesamte Gelände von dort bis dort neu bebaut. Dagegen gibt es aber massive Proteste der Anwohner, die in dem Wohnhaus schon seit Jahrzehnten wohnen. Na ja, und solange sich der Streit hinzieht, steht der Bunker leer. Seit sieben Jahren verstecke ich mich dort, ohne dass mich je jemand entdeckt hätte. Nicht einmal Spalter. Der lungert immer nur um unsere alte Wohnung herum. Und, nun ja ... Offiziell gelte ich ja als Obdachloser. Komm!«

Sein Vater führte Robin und Little John in den Bunker hinein, der tatsächlich leer stand, entsprechend vermodert roch und in dessen Gängen und leer stehenden Räumen nur hier und da einige wenige Obdachlose Unterschlupf gefunden hatten.

»Komm weiter, mein Versteck ist weiter oben.« Sie stiegen eine alte Metalltreppe hinauf. Bei jedem Schritt hinauf klapperte und dröhnte es.

Im oberen Stockwerk ging es wieder bis ganz nach hinten in den letzten Raum, der zu Robins Überraschung abgeschlossen war. Soweit er es überblickt hatte, war es die einzige verschlossene Tür im gesamten Gebäude.

Robins Vater knipste das Licht an. Robin war erstaunt, dass es in diesem Bunker Strom gab.

»Gibt es nicht«, klärte sein Vater ihn auf. »Ich bin meist nur zum Schlafen hier. Dann benutze ich Kerzenlicht oder alte Petroleumlampen oder batteriebetriebene Campingleuchten.«

Darüber hinaus gab es noch eine kleine Gasheizung, die mit einer Propangasflasche betrieben wurde, ebenso wie ein Gasgrill.

In dem Raum standen ein Bett, das erstaunlich gemütlich wirkte, ein Sessel mit einer Leselampe und ein kleiner Schreibtisch mit Stuhl. Ansonsten noch ein Bücherbord, in dem nur wenige Bücher, aber sehr viele Papierstapel lagen.

»Alles Recherchematerial«, erklärte sein Vater. »Nur die wichtigen Dokumente, die hatte ich woanders versteckt.«

Robin setzte sich aufs Bett. Ihm brannte immer noch eine wichtige Frage auf der Seele. Die Antwort hatte er sich schon lange gemeinsam mit Ronja zusammengereimt. Er wusste nur nicht, ob sie stimmte. Und wie genau es damals mit dem Unfall abgelaufen war, wusste er auch nicht, obwohl ihm sein Vater nach der Explosion natürlich schon einiges darüber erzählt hatte. Er wollte wirklich *alles* darüber wissen.

Also fragte er nun mit leiser Stimme nach: »Papa? Kannst du mir noch mal erklären, weshalb du damals nach dem Unfall abgehauen bist und dich nie bei mir gemeldet hast?« Er musste sich einmal räuspern, weil ihm ein dicker Kummerkloß im Hals steckte.

Sein Vater setzte sich neben ihm aufs Bett.

»Ich bin nicht abgehauen«, begann er zu erzählen. »Im Gegenteil: Ich habe sofort die Polizei und den Notarzt gerufen. Denn ich hatte gesehen, dass Mama tot ist, du aber lebst. Du warst wie durch ein Wunder unverletzt. Ich bin bei dir geblieben, bis ich die Sirene des Unfallwagens gehört habe. Dann habe ich mich versteckt und beobachtet, wie die Sanitäter dich mitgenommen haben. Mir blutete das Herz, dich so gehen zu lassen. Aber ich wusste sofort, dass es sich um einen Anschlag handelte. Und ich wusste, wenn die Attentäter erfahren, dass ich überlebt habe, dann werden sie es wieder versuchen. Immer wieder. Damit war nicht nur ich, sondern auch du in höchster Gefahr. Ich sah nur eine Möglichkeit, dich zu retten: Du musstest fort von mir, in ein Kinderheim. Und ich musste mich für tot oder verschollen erklären lassen. Deshalb bin ich untergetaucht. Neun lange Jahre. Aber ich habe dich die ganze Zeit über nie aus den Augen verloren.«

Robin nickte. Das hatte ihm sein Vater ja schon einmal bestätigt. Aber es tat dennoch gut, jetzt noch einmal die Details zu hören.

»Aber ich habe dich natürlich immer nur von ferne sehen können«, sagte sein Vater. »So viele Einzelheiten, die ich gern von dir gewusst hätte. So viele deiner Geburtstage und so viele Weihnachten, die ich nicht bei dir sein konnte. Ich hoffe so sehr, dass das alles bald vorbei sein kann.«

»Meinst du wirklich?«, fragte Robin unsicher nach.

»Ich hoffe es«, versprach sein Vater. »Es fehlt mir immer noch der letzte Beweis, dass der Mutterkonzern der damaligen Abfallentsorgungsfirma alles gewusst und ihre Verantwortung für die Verseuchung des Bodens und eines Teils der Elbe vertuscht hat.«

»Der USB-Stick!«, erinnerte Robin ihn. »Ronja und ich glauben, dass darauf die letzten Beweise zu finden sind.«

Sein Vater besah sich den Stick mit skeptischem Blick, so als prüfte er einen Edelstein auf seine Echtheit. »Tatsächlich?«

Am Tonfall erkannte Robin, dass er große Zweifel hegte.

»Kannst du mir noch mal kurz und leicht verständlich erklären, worum es eigentlich genau geht?«, fragte Robin nach.

»Okay«, stimmte sein Vater zu. »Möchtest du einen Kakao?«

Robin nickte. »Eine heiße Schokolade? Oh ja, gern!«

Sein Vater zündete den kleinen Campingkocher an und stellte einen etwas verbeulten Stieltopf darauf, in den er eine Tasse voll Milch goss. Und stellte die Packung Trink-Kakao bereit.

»Wieso hast du so etwas hier?«, fragte Robin verwundert. »Du konntest doch gar nicht wissen, dass ich heute Abend hierherkomme.«

Sein Vater lächelte ihn freundschaftlich an. »Ich trinke auch gern heiße Schokolade.«

Robin lächelte zurück. Das gefiel ihm gut.

»Also«, begann sein Vater, während er die Milch im Auge behielt, damit sie nicht überkochte. »Etwas elbaufwärts von der Entenwerder Insel gab es eine Abfallentsorgungsfirma. Es war eine Tochterfirma einer größeren Metallfabrik. Sie hatte hauptsächlich die Aufgabe, den Giftmüll der Fabrik ordnungsgemäß zu entsorgen, das hieß das meiste davon über den Hamburger Hafen zu verschiffen. Der Großteil ging in afrikanische Länder. So weit, so gut. Zwar ist das schon erheblich preisgünstiger, als den Sondermüll hierzulande fachgerecht zu entsorgen mit all den Umweltauflagen und so weiter, aber immer noch recht kostspielig. Die Fabrik geriet mit der Zeit mehr und mehr in finanzielle Schieflage und stand kurz vor der Insolvenz, also Pleite. Dann begann die Tochterfirma, Teile des Sondermülls nicht mehr zu verschiffen, sondern einfach in die Elbe zu verklappen. Natürlich heimlich und illegal. Dadurch hat die Fabrik aber Millionen gespart und konnte sogar eine ganze Zeit lang die Pleite abwenden. Irgendwann ging sie aber doch Konkurs.«

»Aber dann hörte die Müllentsorgung doch auf?«, fragte Robin nach.

»Das stimmt«, räumte sein Vater ein. »Aber bis dahin hatten sie doch erhebliche Mengen Gift in die Elbe gekippt und damit Fische, Pflanzen und Boden vergiftet. Nur nachweisen konnte man es ihnen nicht. Die Bodenproben waren auch alle in Ordnung. Seltsamerweise. Das konnten wir uns gar nicht erklären, und ich bin mit den drei Kollegen an dem Thema drangeblieben. Und die Attentate auf uns zeigten mir deutlich, dass wir wohl recht hatten und die Firma erheblich etwas zu verbergen hatte.«

»Die Bodenproben wurden vertauscht. Wusstest du das nicht?«, hakte Robin ein.

»WAS? Nein!«, antwortete sein Vater. »Wie kommst du darauf? Also, natürlich habe ich so etwas schon vermutet. Aber es gab keine Belege dafür.«

Die Milch war endlich heiß. Sein Vater verteilte sie auf zwei Becher, gab Kakaopulver hinzu, rührte um und reichte Robin seinen Becher.

Robin nahm ihn entgegen und pustete. Dann fiel ihm auf, dass dies der erste Becher Kakao war, den er nicht im Heim oder in einer Kantine trank, sondern den sein Vater ihm reichte.

Er schloss für einen Moment die Augen, sog genussvoll und zufrieden den schokoladigen Geruch seines Heißgetränks ein und nahm dann vorsichtig einen ersten Schluck. Nie zuvor hatte ihm ein Kakao so himmlisch gut geschmeckt.

Erst dann teilte er seinem Vater mit: »Auf dem Stick liegen die Beweise, die du suchst.«

»Was? Wirklich? Wow! Also, wenn das stimmt …«, sagte sein Vater und pustete ebenfalls auf seinen Kakao.

Robin fragte sich kurz, ob seinem Vater dieser besondere Moment ebenso bewusst war wie ihm, bevor er zum Thema zurückkam: »Aber man bringt doch keine Leute um, nur um eine Firmenpleite zu verhindern, oder?«

»Nein, natürlich nicht«, stimmte sein Vater ihm zu. »Ich denke, ihnen geriet die ganze Situation außer Kontrolle. Also, die Elbe so zu vergiften, dass Tiere und Pflanzen sterben, das ist natürlich ein schweres Umweltverbrechen. Da würden den Verantwortlichen schon Gefängnisstrafen drohen. Deshalb setzten sie alles daran, die Sache zu vertuschen, die Bodenproben zu vertauschen, wie du sagst, und so weiter. Ich denke, der Anschlag auf meinen Kollegen sollte wohl auch nur eine Warnung werden. Irgendetwas ist dann aber schiefgegangen. Mein Kollege ist gestorben, und so wurde aus einer Warnung mindestens Totschlag, wenn nicht sogar Mord, den sie vertuschen mussten. Sie konnten unmöglich Zeugen brauchen oder Leute, die – wie meine verbliebenen beiden Kollegen und ich – an der Sache dranblieben und recherchierten. Und leider ist es so: Wer einmal jemanden umgebracht hat, dem fällt der zweite Anschlag dann schon leichter, weil man eh nichts mehr zu verlieren hat. Ich glaube auch nicht einmal, dass der Anschlag auf uns tödlich enden sollte. Aber Mama ist dabei umgekommen. Ein Grund mehr für mich, an der Sache dranzubleiben. Und ein Grund mehr für diese Leute, mich unerbittlich zu verfolgen, um mich mundtot zu machen. Deshalb bin ich untergetaucht. Deshalb wurde ich all die Jahre gesucht und verfolgt. Morgen gehe ich in ein Internet-Café und sehe mir den Stick an. Wenn du recht hast, und ich finde darauf die Beweise, die mir fehlen, dann habe ich alles beisammen. Und ich werde alles an die Zeitungsredaktionen geben und auch an die Staatsanwaltschaft. Das wird einen riesigen Skandal aufwirbeln. Und einige lange Gerichtsverfahren zur Folge haben. Aber dann ist alles veröffentlicht. Arndt Spalter und seine Hintermänner hätten nichts mehr davon, mich zu verfolgen und kaltzustellen. Ich denke, wenn wir so vier, fünf Wochen abwarten, dann können wir ohne Angst in unsere Wohnung einziehen.«

»Eoey7839«, sagte Robin.

»Wie bitte?«, fragte sein Vater nach.

Robin erzählte ihm von der Mail-Adresse, die seiner und Ronjas Meinung nach dem »Chef« von Arndt Spalter gehört. »Der hat den Auftrag gegeben zum Tausch der Bodenproben.«

»Eoey?«, wiederholte sein Vater. »Das ist garantiert die Abkürzung für Ernst-Otto Eymann. So hieß der Geschäftsführer der Abfallentsorgungsfirma. Der saß gleichzeitig im Aufsichtsrat der Metallfabrik. Du meine Güte. Ich glaube, ihr seid da wirklich auf etwas gestoßen!«

Robin spürte, dass sein Vater am liebsten sofort alles überprüft hätte.

»Willst du jetzt gleich in ein Internetcafé gehen und dir den Stick ansehen?«, fragte Robin.

Doch sein Vater schüttelte den Kopf. »Nein! Neun Jahre habe ich recherchiert. Da kommt es auf einen Tag nicht an. Und neun Jahre lang haben wir uns nicht gesprochen. Ich bin glücklich, dass ich hier mit dir sitze und einen Kakao trinken kann.«

»Ich auch!«, antwortete Robin. »Und hier kann uns auch wirklich niemand entdecken?«

»Hier bist du sicher«, versprach ihm sein Vater.

Robin trank einen Schluck von dem heißen Kakao, rückte näher an seinen Vater heran, legte seinen Kopf an dessen Schulter und genoss einfach nur, dass sie zusammensaßen.

»Magst du mir von deiner Schule erzählen?«, fragte sein Vater.

»Uäh! Nö!«, lautete Robins Antwort.

»So schlimm?«, fragte sein Vater schmunzelnd nach.

»Ich bin nicht besonders schlau«, gestand Robin. »Das meiste in der Schule macht mir keinen Spaß, weil es mich langweilt oder ich es nicht verstehe.«

»Na, seit du aus dem Heim abgehauen bist und mich gesucht hast, hast du dich aber sehr schlau angestellt«, widersprach sein Vater. »Du hast mich gefunden, was Arndt Spalter über Jahre nicht gelungen war. Und du hast offenbar die letzten Beweise besorgt, die ich brauche, um den ganzen Fall endgültig abschließen zu können.«

»Das hätte ich ohne Ronja nie geschafft«, schränkte Robin ein.

»Na, wie kann einer nicht schlau sein, dem es gelingt, eine so tolle Freundin kennenzulernen?«, widersprach sein Vater erneut. Er trank seinen Kakao leer und stellte den Becher beiseite. Dann sprach er weiter: »Weißt du, ob man schlau oder dumm ist, bemisst sich nicht in erster Linie daran, welche Noten man in Mathe oder Deutsch bekommt. Und es ist nicht mal das Wichtigste, wie schlau man überhaupt ist oder eben nicht. Viel wichtiger ist, ob man anständig ist. Ob man Freunde hat. Ob deine Freunde sich auf dich verlassen können. Ob du etwas mit deinem Leben anzufangen weißt. Dass du neugierig bleibst und erkennst, ob andere Menschen Hilfe brauchen und so.«

»Das mache ich alles«, versicherte Robin ihm ehrlich. »Ich habe zum Beispiel Jonas im Heim immer beschützt. Und auch bei den Obdachlosen habe ich gelernt, wen ich wie einzuschätzen habe. Bruder Tuck ist zum Beispiel ein guter Freund. Und Carmen ist eine falsche Schlange.«

Sein Vater lächelte. »Siehst du? Und da sag noch mal einer, du wärst nicht schlau genug.«

Bis spät in die Nacht sprachen Robin und sein Vater noch über all die Jahre, in denen sie keinen Kontakt zueinander hatten.

BEWEISE IN GEFAHR

Robin wurde meist früh wach. Seit er Little John hatte, sowieso. Der duldete es nicht, wenn Robin ausnahmsweise mal ein bisschen länger schlafen wollte. Little John verlangte, pünktlich hinausgelassen zu werden oder dass sein Herrchen mit ihm Gassi ging, damit er sein Geschäft erledigen konnte.

Doch an diesem Morgen mussten beide von Robins Vater geweckt werden. Vermutlich lag es daran, dass dieses Bunkerzimmer kein Fenster besaß. Bis auf ein kleines batteriebetriebenes Nachtlämpchen war es stockfinster. Zwar schaltete Robins Vater ein größeres Licht an, aber das änderte nur wenig. In dem Raum blieb es düster.

»Aufstehen!«, bat sein Vater. »Es ist schon halb neun. Du musst dich heute wie immer um halb zehn mit deinem Freund Jonas treffen.«

Jonas hatte ihm am Abend von seinen regelmäßigen Treffen, aber auch davon erzählt, dass er die Unterlagen bis auf den USB-Stick bei Jonas in Verwahrung gegeben hatte.

»Ja … klar«, antwortete Robin. Er wusste Bescheid. Am

Abend hatten sie ausgemacht, dass er mit Jonas für heute eine Übergabe der Unterlagen vereinbaren sollte. Vorausgesetzt, sein Vater fand auf dem Stick tatsächlich die erhofften Beweise, die seine Recherchen vervollständigen würden.

Trotzdem kam Robin an diesem Morgen zuerst Ronja in den Sinn. Ob sie heute ganz normal in die Schule ging? Vermutlich war sie nach dem Einbruch in ihr Haus gestern viel zu aufgeregt. Seit er mit den wichtigen Unterlagen abgehauen war, hatte er sie nicht mehr gesprochen. Bestimmt war sie gespannt und neugierig zugleich, ob es geklappt hatte, die Unterlagen zu verstecken.

»Was soll ich genau mit Jonas ausmachen?«, fragte Robin.

»Er soll sich heute nur bereithalten«, schlug Robins Vater vor. »Sagen wir, nach der Schule triffst du ihn noch mal am Schultor. Dann können wir Genaueres darüber sagen, wann, wo und wie er uns die Unterlagen zurückgibt.«

Robin war einverstanden. »Kann ich dich bis dahin zum Internetcafé begleiten?«

»Nein!«, bestimmte sein Vater. »Das könnte zu auffällig sein. Arndt Spalter wurde zwar festgenommen. Aber wenn kein triftiger Haftgrund vorliegt, ist er vermutlich schon wieder auf freiem Fuß und hat nur eine Strafanzeige wegen Einbruchs bekommen. Bis das verhandelt wird, könnten Wochen ins Land gehen. Bis zur Veröffentlichung meiner Unterlagen müssen wir also noch auf der Hut sein.«

»Mist!«, kommentierte Robin.

»Ich glaube zwar mittlerweile, dass Arndt Spalter und sein Chef Ernst-Otto Eymann die ganze Zeit nur zu zweit gehandelt haben. Aber sicher ist es nicht. Vielleicht stecken doch noch mehr Leute mit ihnen unter einer Decke«, erläuterte sein Vater weiter. »Also, ich gehe jetzt ins Internetcafé. Du triffst dich mit Jonas und bereitest ihn vor, machst mit ihm einen Treffpunkt für nach der Schule aus. Vielleicht so gegen 14 Uhr, am besten in der Nähe vom Kinderheim. Wir beide treffen uns um eins an der Suppenküche.«

So verabredeten sie es und zogen los.

Als sie am Ausgang des Bunkers ankamen, stoppte Robins Vater.

»Warte kurz!« Dann ging er voran, blickte aus der Tür und sah sich nach allen Seiten um. Erst danach gab er das Zeichen zum Weitergehen. »Okay. Die Luft ist rein. Ihr könnt rauskommen.«

Robin verließ mit Little John den Bunker und ging wie verabredet zur Schule. Am Verhalten seines Vaters war ihm noch mal deutlich geworden, dass es noch nicht vorbei war. Die Gefahr, dass die Gangster seinen Vater abfingen, schien immer noch groß. Er wusste nicht, ob Arndt Spalter sich noch in Polizeigewahrsam befand oder nicht.

Robin hätte gern Ronja informiert und sie an seiner Seite gehabt. Doch ohne Handy war da nichts zu machen.

Er nahm sich vor, wie sein Vater vorsichtig zu bleiben. In der Nähe der Schule versteckte er sich. Er hatte noch fünf Minuten Zeit bis zum Treffpunkt mit Jonas. Robin wartete und behielt die Umgebung so lange im Auge, bis er aus der Ferne Jonas an den Zaun kommen sah. Zum Glück hatte er Little John auf dem Weg hierher genügend Auslauf gegönnt, sodass der jetzt ruhig blieb und genau die Anweisungen seines Herrchens befolgte.

Als Jonas an den Zaun kam, erkannte Robin sofort, dass irgendetwas nicht stimmte.

Jonas sah zwar aus wie immer, aber schaute sich nervös um und kaute noch nervöser auf seinen Fingernägeln. Das war ein untrügliches Zeichen, dass er mit einer schlechten Nachricht aufwartete.

Robin schaute sich noch mal vorsichtig zu allen Seiten um. Dann rannte er los zum Zaun und begrüßte Jonas sofort mit den Worten: »Was ist passiert?«

»Meine Bücher …!«, begann Jonas zögerlich.

Robin ahnte Schlimmes. Hatte Jonas nicht all die Papiere in seinen Büchern verstecken wollen? »Was ist damit?«

»Bernd Ross hat mein Zimmer gestürmt, als ich nicht da war, und alles verwüstet«, erzählte Jonas aufgebracht.

»Verwüstet? Was heißt das?«, hakte Robin nach. »Mann! Erzähl! Lass dir nicht alles aus der Nase ziehen!«

»Na ja, verwüstet halt. Bett und Tisch und Bücherbord, alles umgeworfen. Meine Kleidung quer durch den Raum geworfen. Meine Bücher lagen überall verstreut herum. Und damit auch die Papiere deines Vaters.«

»Die Papiere?« Robin war entsetzt. Das hörte sich ja noch schlimmer an als befürchtet. »Bernd Ross hat jetzt die Papiere?«

»Nein, nein!«, beschwichtigte Jonas sofort. Schränkte dann aber ein: »Die Papiere flogen überall durcheinander. Bernd Ross hat also nicht erkannt, worum es sich handelt. Vermutlich hat er sich die Unterlagen gar nicht angeschaut.«

»Vermutlich?«, wiederholte Robin. »Was heißt das? Sind die Papiere noch komplett oder nicht?«

»Das kann ich eben nicht sagen«, gab Jonas zu. »Ich habe sie mir ja auch nicht angeschaut und würde gar nicht bemerken, wenn etwas fehlt.«

»Um Himmels willen!«, stieß Robin aus, immer noch zutiefst entsetzt. »Wo sind die Unterlagen jetzt?«

»Ich habe sie mitgebracht«, antwortete Jonas und griff in seine Schultasche, die Robin erst jetzt bemerkte.

Er zog den Stapel Papiere heraus und überreichte ihn Robin. »Dein Vater muss sie durchschauen und sagen, ob etwas fehlt. Wenn ja, hat Bernd Ross den Rest.«

»Oh Mann!«, stöhnte Robin.

»Es tut mir leid«, entschuldigte sich Jonas.

Robin konnte ihm nicht böse sein. Er wusste, dass Jonas gegen Bernd Ross keine Chance hatte. Es war einfach eine schlechte Idee gewesen, Jonas die Papiere zu überlassen.

»Schon gut«, sagte Robin tröstend. »Was meinst du, weshalb Bernd Ross ausgerechnet gestern dein Zimmer verwüstet hat? Hat er etwas von den Papieren geahnt?«

»Bestimmt nicht«, erklärte Jonas entschieden. »Sonst hätte er sie mitgenommen oder vernichtet. Ich nehme an, es war Zufall. Er wollte mich mal wieder demütigen. Oder bestrafen, weil ich nichts über dich verrate. Leider zum falschen Zeitpunkt«

»Okay, danke«, sagte Robin. »Und es tut mir leid, dass Bernd Ross dein Zimmer zertrümmert hat.«

»*Unser* Zimmer«, betonte Jonas.

Robin nickte leicht. »Ja, klar. Unser Zimmer.«

Er verschwieg, dass er ganz sicher nie wieder ins Kinderheim zurückkehren würde. Und er teilte Jonas auch nicht die neuesten Entwicklungen über seinen Vater und den ganzen Fall mit. Je weniger Jonas wusste, desto weniger konnte er verraten, falls Bernd Ross ihn noch einmal in die Mangel nahm.

Das von ihm und seinem Vater geplante Treffen mit Jonas am Mittag brauchte Robin auch nicht mehr zu vereinbaren. Er hatte die Papiere jetzt ja bereits bei sich. Womit er sich allerdings auch überhaupt nicht wohlfühlte.

Nach dem überraschenden Einbruchsversuch von Arndt Spalter in Ronjas Haus spielte Robins Fantasie nun ein wenig verrückt. Hinter jedem Busch, jeder Hausecke, aus jedem parkenden Auto konnte in seiner Vorstellung plötzlich jemand hervorspringen, um ihm die Papiere abzunehmen. Immerhin hatte Bernd Ross ihn schon einmal am Schulzaun aufgespürt und verfolgt. Robin war damals zwar entkommen, aber Ross wusste seitdem zumindest, dass Robin ab und zu an der Schule auftauchte. Und Arndt Spalter war früher auch schon mal an der Schule gewesen.

Bis zum Treffpunkt mit seinem Vater waren es noch

drei elend lange Stunden. Zu allem Überfluss hatte Jonas ihm die Unterlagen einfach so unverpackt in die Hand gedrückt, die er nun offen als Papierstapel mit sich trug.

Zuerst also musste er sich schnellstens eine Tüte besorgen. Hätte er doch bloß irgendwie Ronja verständigen können! Aber er besaß nicht einmal ihre Handynummer, selbst wenn er eine Möglichkeit zum Telefonieren gefunden hätte.

Robin überlegte, wo und wie er sich die nächsten drei Stunden am sichersten aufhalten könnte. Er entschied, sich schon mal Richtung Suppenküche aufzumachen. Auch wenn es für das Treffen mit seinem Vater noch viel zu früh war. Vielleicht hatte er Glück und würde auf Bruder Tuck treffen. Er wollte nicht länger allein mit den Papieren in der Hand durch die Straßen schleichen. Er hatte noch Ronjas Geld in der Hosentasche. Vielleicht konnte er sich in einem kleinen Laden in der Nähe eine Tasche oder einen preiswerten Rucksack kaufen. Oder im nächsten Supermarkt auch nur eine Tragetasche für fünfzig Cent. Nervös und ängstlich schaute er sich immer wieder um.

»Wir müssen aufpassen, Little John«, sagte er zu dem kleinen Hund, weil sonst niemand da war. »Verdammt aufpassen.«

Robin wurde bewusst, wenn er jetzt einen Fehler machte und sich die Papiere stehlen ließ, dann war die jahrelange Arbeit seines Vaters für die Katz. Es würde auch nur wenig helfen, dass Ronja einen Teil bereits eingescannt hatte.

Wenn sein Vater den ganzen Umweltskandal nicht aufdecken konnte, dann konnte er sich auch nicht aus seiner Deckung herauswagen. Und Robin könnte weiterhin nicht zu ihm ziehen. Es war vertrackt: Robins ganzes weiteres Leben hing davon ab, ob er die Papiere unversehrt seinem Vater übergeben konnte. Und ob die Informationen auf dem USB-Stick tatsächlich die nötigen fehlenden Beweise lieferten. Aber davon ging er aus.

Plötzlich sah Robin aus dem Augenwinkel einen Schatten hinter sich, eine verdächtige Bewegung. Er blieb stehen, wandte sich um. Da war nichts. Hatte er sich getäuscht?

Da war doch jemand gewesen! Oder nicht?

»Hast du das auch gesehen, Little John?«

Robin sah dem Blick seines Hundes an, dass er nicht verstanden hatte, was Herrchen von ihm wollte.

»Komm!«, sagte Robin. Und ging weiter.

Little John dackelte treu hinter ihm her.

Ruckartig drehte Robin sich nach einigen Schritten wieder um. So plötzlich, dass sogar Little John kurz erschrocken zusammenzuckte.

Wieder nichts.

Robin wollte gerade weitergehen, da trat ein Mann aus einem Hauseingang auf die Straße. Er hatte etwa die gleiche Statur wie Arndt Spalter, war ebenso groß und auch etwa im gleichen Alter. Mehr noch: Der Mann trug einen dunklen Anzug. Und wenn Robin sich nicht täuschte, war das genauso einer, wie Arndt Spalter ihn immer trug. Du meine Güte! Konnte das ein Zufall sein? Arndt Spalter selbst war es nicht, das konnte Robin erkennen. Aber vielleicht ein Komplize, von dem Robin bisher nichts wusste? Er mochte dem Mann nicht länger entgegenstarren, denn der kam schnellen Schrittes auf ihn zu. Robin durfte nicht länger zögern. Er durfte nicht stehen bleiben!

Der Mann war nur noch wenige Schritte von ihm entfernt.

Andererseits: Woher sollten Arndt Spalter oder seine Komplizen wissen, dass Robin jetzt genau hier entlangging? Bernd Ross!, fiel ihm ein. Vielleicht hatte der ihn doch an der Schule erspäht. Bernd Ross besaß ein Handy, soweit Robin wusste. Er hätte Arndt Spalter oder vielleicht sogar einen Komplizen von ihm direkt informieren können, dass Robin an der Schule gewesen war.

Der Mann war höchstens noch fünf, sechs Meter von ihm entfernt. Und Robin trug noch immer die wichtigen Papiere als loses Bündel in der Hand.

»Komm, Litte John!«, wies Robin seinen Hund an. Und rannte los, so schnell er konnte. Zack, um die nächste Hausecke und – radamm! – knallte dort gegen einen Kinderwagen. Robin stürzte. Der Kinderwagen wackelte gefährlich.

Robins Papiere flogen durch die Gegend.

Die Mutter schimpfte: »Mann! Kannst du nicht aufpassen? Mein Baby!«

Das Baby war durch die Erschütterung aufgewacht und begann zu brüllen.

Little John fing an zu bellen.

Mit besorgter Miene hob die Mutter ihr Kind aus dem Wagen, nahm es auf den Arm und versuchte, es zu beruhigen.

»Mach bloß, dass du wegkommst!«, drohte sie Robin.

Robin rappelte sich auf und sah verzweifelt seinen herumfliegenden Papieren hinterher.

Und: Wo war der Mann, der ihn verfolgte?

Noch auf der Straße sitzend, schaute Robin sich um.

Little John bellte noch immer nervös.

»Jetzt nimm schon deinen Hund hier weg!«, fuhr die Mutter Robin an.

Robin wusste nicht, was er zuerst tun sollte: den Mann suchen? Die Papiere einsammeln? Den Hund beruhigen?

Die Mutter behielt ihr Baby auf dem Arm und zuckelte mit dem Kinderwagen von dannen, wobei sie Robin noch halb über den Fuß fuhr.

»Au!«, quiekte Robin kurz auf und zog seinen Fuß beiseite. Dann: »Ruhig, Little John. Alles gut!«

Little John beruhigte sich ein wenig. Zumindest hörte er auf, zu bellen.

Jetzt entdeckte Robin den Mann. Er war einfach weiter geradeaus gegangen und interessierte sich überhaupt nicht für die herumfliegenden Papiere.

Fehlalarm, erkannte Robin. Und dafür flogen jetzt die wichtigen Unterlagen durch die Gegend wie Herbstlaub.

»Die Papiere!«, rief er. »Little John, wir müssen die Papiere einsammeln!«

Er sprang auf und jagte den herumwirbelnden Unterlagen hinterher. Hier schnappte er einen Zettel, dort einen, dann einen dritten, dann einen kleineren Stapel, der zum Glück zusammengeheftet war. Einen weiteren Zettel zog er von einem Gully. Anschließend griff er nach einem weiteren gehefteten Stapel. Gerade wollte er ihn schnappen, als ein Auto vorbeifuhr. Durch den Fahrtwind wirbelte der Stapel hoch in die Luft.

»So ein Mist!«, fluchte Robin.

Hektisch sammelte er weiter und weiter und weiter.

Nach einigen Minuten glaubte er, es geschafft zu haben. Soweit er es überblicken konnte, hatte er alle Papiere wieder zusammen. Zumindest sah er keines mehr in der näheren Umgebung herumfliegen.

Erschöpft und ein wenig erleichtert setzte er sich an den Rand des Bürgersteigs.

»Oh Mann!«, seufzte er. »Ich glaube, das ist gerade noch mal gut gegangen.«

EIN FALL FÜR DIE ZEITUNG

Robin kam völlig durchgeschwitzt an der Suppenküche an. Trotzdem war er nicht zu spät. Im Gegenteil. Er hatte noch reichlich Zeit. Er wollte sich gerade umsehen, wo er am besten auf seinen Vater warten konnte, da entdeckte er in der Ferne Bruder Tuck.

So ein Glück. Robin atmete auf, weil er die restliche Wartezeit nicht allein bleiben musste. Freudig lief er auf seinen erwachsenen Freund zu und erzählte ihm alles, was geschehen war, seit sie sich das letzte Mal gesehen hatten.

Bruder Tuck nickte bedächtig, sah sich um, kratzte sich nachdenklich in seinem Bart und sagte schließlich: »Ich denke, dein Vater hat recht, Robin. Solange er seine Story nicht veröffentlicht und die Polizei nicht gründlich informiert hat, seid ihr in Gefahr.«

Robin verzog das Gesicht. Er hätte lieber das Gegenteil von Bruder Tuck gehört.

»Und du hast vollkommen richtig gehandelt, Robin«, fügte Bruder Tuck noch an.

Er zeigte auf die Blätter, die Robin immer noch lose und zerknüllt in der Hand trug, weil er nicht dazu gekommen war, sich eine Tasche zu besorgen. Dann zog er einen Stoffbeutel aus seiner Hosentasche und reichte ihn Robin, damit er die Papiere endlich einstecken konnte.

»In einer Stunde kommt dein Vater, sagst du?«, fragte Bruder Tuck, der wie immer keine Uhr bei sich trug.

Robin nickte.

»Das reicht. Das schaffen wir«, versprach Bruder Tuck.

Robin verstand nicht, was er damit meinte. »Was schaffen?«

»Eine Wache aufzustellen«, antwortete Bruder Tuck. »Eine kleine Gruppe von Bodyguards, wenn du so willst.«

»Bodyguards?«, wiederholte Robin mit großen Augen. »Wow!«

Bodyguards kannte er nur aus Filmen. Das waren muskulöse Typen in schwarzen Anzügen mit dunklen Sonnenbrillen, Funkgeräten und Knopf im Ohr.

»Woher kennst du denn Bodyguards?«, fragte Robin gleichermaßen beeindruckt und verwundert.

Bruder Tuck ließ wieder sein rasselndes Lachen ertönen.

»Nicht solche, wie du denkst«, antwortete er. »Aber ich habe dir schon mal gesagt: Wir Obdachlosen haben unsere Augen und Ohren überall. Uns entgeht nichts. Also, bleib du hier und warte auf deinen Vater. Ich kümmere mich in der Zeit darum, dass ihr in Sicherheit seid.«

Damit verabschiedete er sich. Robin hatte keine Ahnung, wo er hinwollte. Aber er vertraute darauf, dass man sich auf ihn verlassen konnte. Blöd war nur, dass er nun wieder allein hier stand.

Bevor Bruder Tuck ging, offenbarte Robin ihm seine Bedenken und Ängste.

»Komm mit«, sagte Bruder Tuck und ging in die Suppenküche hinein.

Zwei junge Frauen und ein junger Mann begannen gerade damit, das Mittagessen auszugeben.

»Der gehört zu mir!«, rief Bruder Tuck über den Tresen. »Er wird hier auf mich warten, bis ich in einer Stunde wiederkomme. Fragt nicht, aber passt auf ihn auf. Okay?«

Eine der beiden Frauen wollte gerade widersprechen. Robin wusste, dass sie mit der Ausgabe des Essens genug zu tun hatten und nicht noch weitere private Aufträge übernehmen konnten.

Doch die andere Frau schien Bruder Tuck gut zu kennen.

»Alles klar, Käpt'n!«, sagte sie zu. »Ich habe ein Auge auf ihn.«

Dann sah sie Robin an. »Hunger?«

Robin nickte. Und zeigte auf Little John. »Und er auch.«

»Gut«, sagte die Frau. »Er muss aber draußen essen.«

»Aber ich denke, ich soll hier drinnen bleiben?«, wandte Robin ein. »Ich kann Little John doch nicht allein rausschicken!«

»Little John?«, wiederholte die Frau lachend.

Robin wollte gerade etwas antworten, da rief eine ihm wohlbekannte Stimme: »Ich passe draußen auf Little John auf!«

Robin wandte sich um. »Ronja! Wie kommst du denn hierher?«

»Mit der Bahn!«, antwortete Ronja. »Ich dachte, ich schau mal auf gut Glück, ob ich dich hier treffe.«

Robin ließ sich schnell einen Teller Suppe ausgeben und sagte Bescheid, dass er vor der Tür warten würde. Bruder Tuck verabschiedete sich nun endgültig.

Und Robin setzte sich mit Little John und Ronja draußen auf die kleine Wiese, um nun auch ihr zu erzählen, was seit dem vorigen Abend alles passiert war. Und endete mit:

»Alles hängt davon ab, ob die Infos auf dem Stick, den wir gefunden haben, ausreichen.«

»Ich verstehe«, sagte Ronja. »Da bist du ganz schön aufgeregt, oder? Ich auch!«

»Und wie!« Robin streckte seinen Arm aus, um zu zeigen, wie sehr seine Hand zitterte. »Je näher das Treffen mit meinem Vater heranrückt, desto mehr zittert sie. Ich kann da gar nichts gegen machen.«

Ronja nickte. »Das glaube ich gern.« Dann sah sie Robin ernst an.

Robin erkannte, woran sie dachte: »Du fragst dich: Was, wenn die Infos auf dem Stick nicht ausreichen. Oder?«

Ronja nickte. »Ich hätte mich nicht getraut, es zu fragen. Aber jetzt, wo du es selbst ansprichst …«

»Ich mag nicht daran denken«, antwortete Robin ehrlich. »Ich bin so glücklich, meinen Vater gefunden zu haben. Jetzt will ich auch zu ihm. Es darf einfach nichts mehr dazwischenkommen!«

»Klar!«, sagte Ronja.

Und dann endlich kam sein Vater.

»Da ist er!«, rief Robin, sprang auf und rannte auf seinen Vater zu.

Der breitete die Arme aus, um seinen Sohn in Empfang zu nehmen.

Doch Robin bremste ab, blieb vor ihm stehen und fragte: »Und? Ist alles drauf, was du brauchst?«

»Und ob!«, antwortete sein Vater freudestrahlend. »Ihr habt genau das Mosaiksteinchen gefunden, das mir noch fehlte! Großartig!«

»Yippieeeh!«, schrie Robin vor Glück. Und sprang endlich seinem Vater in die Arme, der ihn herzlichst drückte.

Ronja rückte langsam näher an die beiden heran.

»Stell dir vor!«, rief Robin ihr aus den Armen seines Vaters zu.

»Ich habe es mitbekommen«, kürzte Ronja lächelnd ab. »Ich freue mich so für dich!«

»Ohne dich hätte ich das nie geschafft!«, bedankte Robin sich.

»Und ich nicht ohne euch!«, gestand sein Vater. »Ich gehe jetzt sofort zur Redaktion. Die sitzt in der Hafencity.«

Bruder Tuck erzählte dem Vater, dass er und einige seiner Kumpels sowohl ihn als auch die jeweilige Umgebung gut, aber unauffällig im Blick behalten würden. Sollte von irgendwo Gefahr drohen, würden sie sofort zur Stelle sein.

»Danke«, sagte Robins Vater.

Dann fuhren sie gemeinsam mit der U-Bahn bis zur Station Messberg.

Robins Vater bezahlte die Fahrkarten, außer für Ronja, die ja eine Dauerkarte besaß.

»Woher hast du eigentlich dein Geld?«, fragte Robin. »Ich meine, auch für die Miete der alten Wohnung und so?«

Sein Vater legte den Finger auf seinen Mund. »Pst«, sagte er. Dann flüsterte er seinem Sohn ins Ohr: »Ein einziger Mensch in der Redaktion weiß über alles Bescheid. Von Anfang an. Über all die Jahre. Er hat viel zu sagen in dem Zeitungsverlag. Mehr darf ich nicht verraten. Aber er hat über all die Jahre die Wohnung über den Verlag bezahlt. Offiziell als Gästewohnung des Verlags. Und er hat mir als eine Art kleines Gehalt regelmäßig Geld gegeben. Aber immer nur bar. Wenn mir in all den Jahren wirklich etwas zugestoßen wäre, hätte er sich bei dir gemeldet und dir alles erzählt.«

»Oh!«, sagte Robin nur. Und dann mussten sie auch schon aussteigen.

»Wartet am Hauptbahnhof bei McDonalds, während ich in die Redaktion gehe«, schlug sein Vater vor. »Kann ein klein wenig dauern.«

»Ich komme bis zum Eingang mit«, kündigte Bruder Tuck an.

Robin und Ronja gingen zwar in das Burger-Restaurant, aber Robin hatte keinen Appetit.

»Ich bin noch satt von der Suppenküche«, behauptete er. »Das ist ja nicht einmal eine Stunde her.«

Ronja nickte zunächst, schüttelte dann aber den Kopf.

»Das könnte ich verstehen, wenn du in der Suppenküche etwas gegessen hättest«, erinnerte sie ihn. »Aber du hast deinen Eintopf fast komplett stehen lassen.«

Robin zog die Augenbrauen hoch. »Wirklich?« Das war ihm selbst gar nicht aufgefallen.

»Wirklich«, bestätigte Ronja ihm. »Ich hab die Schüsseln ja zurück zum Tresen gebracht. Du musst doch allmählich echt Hunger haben?«

Robin legte eine Hand auf seinen Bauch.

»Kann sein«, räumte er ein. »Irgendwie habe ich tatsächlich ein flaues Gefühl im Magen. Aber es fühlt sich nicht wie Hunger an. Und Appetit habe ich auch keinen.«

»Nicht mal auf Hamburger und Pommes?« Ronja seufzte. »Oje, du bist immer noch so aufgeregt. Dabei geht doch jetzt alles seinen Gang. Dein Vater gibt die Unterlagen seinem Vertrauten. Der veröffentlicht das, übergibt die ganzen Akten der Staatsanwaltschaft. Und alles ist paletti.«

»Hoffentlich hast du recht«, sagte Robin. »Denn ich habe trotzdem ein ungutes Gefühl. Irgendetwas ist nicht in Ordnung.«

»Das ist nur die Aufregung«, versuchte Ronja, ihn zu beruhigen. »Ich hole mir einen Cheeseburger mit Pommes. Soll ich dir wirklich nichts mitbringen?«

Robin schüttelte den Kopf.

Als Ronja nach einigen Minuten mit ihrem Tablett zurückkam, bat er: »Lass uns zur Redaktion gehen. Zu Bruder Tuck, der vor dem Gebäude wartet.«

»Wir sollen hier warten, hat dein Vater gesagt«, mahnte Ronja.

Robin winkte ab. »Ich kann hier nicht herumsitzen. Echt nicht!« Er sprang auf und ging zur Tür.

Ronja schnappte sich ihr Essen vom Tablett und eilte ihm hinterher. »Warte!«

Als sie Bruder Tuck vor dem Gebäude erreichten, kam auch schon Robins Vater aus der Tür, noch ehe Tuck die Kinder fragen konnte, was sie hier wollten.

Robin erspähte seinen Vater, rannte auf ihn zu und fragte – wie vorhin: »Und?«

Anders als vorhin schaute sein Vater diesmal allerdings recht ernst und nachdenklich drein.

Robin wusste sofort, dass sein ungutes Gefühl ihn nicht getäuscht hatte.

»Was ist passiert?«

»Nichts ist passiert«, antwortete sein Vater düster. »Das ist genau das Problem.«

Mittlerweile waren beide bei Bruder Tuck und Ronja angekommen, die die Antwort des Vaters gerade noch gehört hatten.

»Konntest du die Unterlagen nicht übergeben?«, fragte Robin. Er ahnte Schreckliches.

Sein Vater schuttelte den Kopf.

»Mein Kollege war nicht da«, berichtete sein Vater.

Ronja versuchte, zu beschwichtigen. »Vielleicht hatte er kurzfristig einen anderen Termin? Ich meine, man kann Sie ja nicht per Handy erreichen und benachrichtigen.«

Robins Vater nickte, und einen sehr kurzen Moment lang hoffte Robin, dass es vielleicht tatsächlich eine ganz simple Erklärung gab.

Doch sein Vater vernichtete dieses Fünkchen Hoffnung sogleich.

»Nein«, antwortete er Ronja. »Er hätte dann eine Nachricht für mich hinterlassen. Heute Morgen war er noch im Büro, sagte mir eine Kollegin. Dann hatte er ein Telefonat. Danach hat er das Haus verlassen und wollte spätestens eine halbe Stunde später wieder zurück sein. Aber er kam nicht. Hat sich auch nicht abgemeldet. Obwohl wir ganz fest verabredet waren. Da muss irgendetwas passiert sein.«

»Das hört sich nicht gut an«, bestätigte Bruder Tuck.

»Können Sie die Unterlagen nicht einem anderen Redakteur geben?«, fragte Ronja.

Der Vater schüttelte den Kopf. »Nur mein vertrauter Kollege weiß, dass es mich überhaupt noch gibt und ich am Leben bin. Alle anderen müsste ich erst einweihen. Und ich weiß nicht, wem von denen ich trauen kann. Ich kenne die alle gar nicht mehr. Es wäre möglich, dass irgendeiner von denen mit dem Verschwinden meines Vertrauten zu tun hat.«

»Was?«, rief Robin entsetzt. »Du meinst, ein Spion von Arndt Spalter in der Redaktion?«

»Oder ein Maulwurf, ja«, bestätigte sein Vater.

»Meine Mama arbeitet auch bei einem großen Zeitungsverlag«, warf Ronja ein. »Und der können Sie ganz sicher vertrauen, wenn wir ihr alles erzählen!«

»Das glaube ich dir gern«, antwortete Robins Vater. »Aber sie ist keine Redakteurin, oder? Sondern sitzt in der kaufmännischen Geschäftsleitung. Sie wird kaum wissen, wem in der Redaktion ihres Verlags man zu hundert Prozent vertrauen kann; zumindest niemand, dem *ich* zu hundert Prozent vertrauen kann.«

Ronja schwieg und senkte den Kopf. Da hatte Robins Vater wohl recht.

»Und was heißt das jetzt?«, fragte Robin voller Enttäuschung.

»Bevor wir die Unterlagen irgendjemandem anvertrauen, müssen wir erst herausbekommen, was mit meinem Kollegen geschehen ist und wo er sich jetzt befindet.«

»Das heißt, es geht alles wieder von vorn los?«, rief Robin.

Sein Vater sah ihn ernst und voller Mitleid an. »Nicht ganz von vorn. Aber ein bisschen schon. Wir müssen meinen Kollegen finden. So schnell wie möglich.«

Andreas Schlüter wurde 1958 in Hamburg geboren, machte dort Abitur und eine Kaufmannslehre. Er leitete mehrere Jahre Kindergruppen in sozialen Brennpunkten, gründete 1989 ein Journalistenbüro, über das er Reportagen für Zeitungen schrieb und später als Nachrichtenredakteur fürs Fernsehen arbeitete. Mit »Level 4 – Die Stadt der Kinder« gelang Schlüter 1994 der Durchbruch als Schriftsteller. Er hat mittlerweile über 120 Kinder- und Jugendbücher geschrieben und arbeitet seit 2003 immer wieder auch als Drehbuchautor.

Von Andreas Schlüter sind in unserem Verlag bislang erschienen:

Young Agents – Operation »Boss« (Band 1)
Young Agents – In gefährlicher Mission (Band 2)
Young Agents – Codewort »Inferno« (Band 3)

Young Agents – New Generation: In den Fängen der Mafia (Band 1)
Young Agents – New Generation: Nur noch 48 Stunden (Band 2)
Young Agents – New Generation: Im Visier der Hacker (Band 3)
Young Agents – New Generation: Verrat im Hauptquartier (Band 4)
Young Agents – New Generation: Im Netz der Spione (Band 5)

Young Detectives – Der Fluch des schwarzen Goldes (Band 1)
Young Detectives – Der mysteriöse Doppelgänger (Band 2)
Young Detectives – Der verschollene Pharao (Band 3)

Young Guardians – Eine gefährliche Spur (Band 1)

Erscheint in Kürze: Young Guardians – Eine mutige Entscheidung (Band 3)

DETEKTIVE MIT GRIPS

NERVENKITZEL, UNTERHALTUNG & WISSEN

ANDREAS SCHLÜTER
YOUNG AGENTS (BAND 1)
ISBN 978-3-96129-121-2

ANDREAS SCHLÜTER
YOUNG AGENTS (BAND 2)
ISBN 978-3-96129-144-1

ANDREAS SCHLÜTER
YOUNG AGENTS (BAND 3)
ISBN 978-3-96129-164-9

ANDREAS SCHLÜTER
YOUNG AGENTS
NEW GENERATION (BAND 1)
ISBN 978-3-96129-178-6

ANDREAS SCHLÜTER
YOUNG AGENTS
NEW GENERATION (BAND 2)
ISBN 978-3-96129-189-2

ANDREAS SCHLÜTER
YOUNG AGENTS
NEW GENERATION (BAND 3)
ISBN 978-3-96129-224-0

WWW.KARIBUBUECHER.DE

KARIBU – Ein Verlag der Edel Verlagsgruppe

1. Auflage 2024

Umschlag- und Innenillustrationen: Max Meinzold
Foto: © privat (Andreas Schlüter)
Umschlaggestaltung: Frauke Schneider unter Verwendung von Illustration und Titelschrift von © Max Meinzold
Layout & Satz: Uhl + Massopust GmbH, Aalen
Lektorat: Sarah Heidelberger (www.sarah-heidelberger.de)
Druck: GGP Media GmbH, Pößneck
ISBN: 978-3-96129-397-1
Printed in Germany
www.karibubuecher.de

Unsere Bücher findest du auch auf Antolin.
www.antolin.de